Paris
1673

de la Lontière, Gilles-

ulier du blason, conter

règles des armoiries

TRAITÉ
SINGULIER
DU BLASON,
contenant
LES REGLES
DES ARMOIRIES.

Des Armes de France & de leur
Blason, ce qu'elles representent, &
le sentiment des Auteurs qui en
ont écrit.

Par Messire GILLES-ANDRE' DE LA ROQUE *,*
Chevalier, sieur de la Lontiére.

Imprimeur du Roy, ruë Saint Jacques,
aux Cicognes.

Avec Privilege de Sa Majesté.

AU ROY.

IRE,

L'on dira peut-être, que c'est un contre-tems de presenter un

á ij

EPITRE.

Livre à Vôtre Majesté, lors que tout le monde luy vient faire offre de son Epée. Il semble qu'il y ait de la témerité à prétendre qu'Elle daigne jetter les yeux sur un Ouvrage qui n'a rien de considerable que la matiére dont il traite, dans le tems qu'elle est si utilement occupée à gouverner ses Etats, à donner des Loix à ses nouveaux Sujets, à établir ses Conquêtes, & à prendre des mesures pour en faire de nouvelles. Les Armes de France, SIRE, qui font le sujet de cette Dissertation, justifieront sans doute ma hardiesse. Que n'est-on point capable d'entreprendre, quand on est sous

EPITRE.

la protection d'un si grand
Monarque ? Je ne puis offrir les
Fleurs de Lis qu'à Vôtre Majesté,
puisque vous en êtes, SIRE, le
Protecteur naturel & legitime.
Aussi en cette auguste qualité,
vous les avez élevées au plus
haut point de gloire qu'elles aient
jamais été. Vos Exploits sont
trop éclatans, pour être obligé de
marquer tous les lieux où Vous
avez arboré ces Fleurs mysterieu-
ses. Vôtre Majesté a fait connoître que le Wâl, l'Issel, & le
Rhin, n'étoient pour Elle que des
obstacles imaginaires ; & que si ce
dernier a eû quelque nom, pour
avoir autrefois servi de bornes

EPITRE.

aux progrés des Cesars, il doit être maintenant bien plus fameux, pour avoir été le témoin de toutes vos victoires; ses Ondes orgueilleuses se sont veües contraintes de ceder à la valeur de vos Armes. Qu'il faisoit beau voir vos genéreuses troupes devant Tholus passer ce rapide Fleuve à la nage, & malgré ses vagues impetueuses affronter tout ce que la Hollande avoit armé de plus vigoureux pour sa défense! Qu'un coup si hardi, SIRE, a donné de gloire à Vôtre Majesté, & qu'il a causé de fraïeur à vos Envieux! Ils n'ont pû toutefois faire paroître que leur jalousie &

EPITRE.

leur impuiſſance ; & s'ils ont fait
quelque démarche pour s'approcher, ç'a été d'un pas ſi lent &
ſi incertain, qu'on a bien veû
que la froideur de leur tempe-
rament ne s'accordoit pas avec
l'ardeur de ce Soleil qui convient
ſi juſtement pour Deviſe à Vôtre
Majeſté. En effet, SIRE, ſes
raïons ſont ſi vifs & ſi pene-
trans, que l'Aigle même n'a
pû, ſans baiſſer les yeux, ſupor-
ter l'éclat de tant de lumiéres.
Vôtre ſeule marche, SIRE, ſans
approcher de Charleroi, a fait
quitter priſe au Lion & à ſes
fiers Eſcadrons. Que ne m'eſt-il
permis de faire un détail plus

EPITRE.

particulier d'une infinité d'actions héroïques, qui rendent, SIRE, toute vôtre Vie digne d'admiration ? Ce seroit entreprendre sur les droits de cette Plume illustre, qui écrit si fidellement les merveilles de vôtre Regne, & qui travaille avec tant de succés pour la gloire de Vôtre Majesté. Tout ce que je puis dire, SIRE, c'est qu'il ne s'agit point de parler ici des progrés de vos Lis ; tout le Monde les connoît assez, en connoissant ce que fait Vôtre Majesté : Mais, comme tout le Monde peut-être ne sait pas leur origine, & qu'ils sont inséparables de vôtre Sce-

M. de Pelisson.

EPITRE.

ptre, j'en ai fait le sujet de cu
Traité, que je suplie Vôtre
Majesté d'agréer avec le zele &
les respects que je lui dois, puisque je suis,

SIRE,

De Vôtre Majesté

Le tres-humble, tres-obeïssant,
& tres-fidelle sujet & serviteur,
LA ROQUE.

TABLE
DES CHAPITRES
contenus en cét Ouvrage.

TABLE DES CHAPITRES.

TRAITE'

TRAITÉ SINGULIER
DU BLASON,
CONTENANT
LES REGLES
DES ARMOIRIES.

Des Armes de France & de leur Blason ; ce qu'elles represen- tent, & le sentiment des Au- teurs qui en ont écrit.

CHAPITRE PREMIER.

Des opinions sur le tems qu'on a commencé à porter des Armoiries.

C'EST par une providence tou- te particuliére, que nos Rois portent l'Ecu d'azur aux Fleurs de Lis d'or, sans nombre, ou réduites à trois.

A

Cette Fleur que Dieu a choisie entre toutes les autres Fleurs : *Ex omnibus floribus orbis elegisti tibi Lilium unum*, est nommée par Saint Gregoire de Nazianze, Fleur Roiale, Βασιλικὸν ἄνθος : aussi elle s'éleve excellemment au-dessus des autres plantes en forme de Sceptre.

Esdras lib. 4. cap. 5. vers. 24.

Plinius Hist. nat. lib. 1. c. 5. & l. 21. c. 25.

Ne sçait-on pas que le Chandelier d'or, que Moïse mit par le commandement de Dieu dans le Tabernacle, étoit remarquable par les fleurs de Lis qui l'ornoient, & que Salomon emploia curieusement le Lis pour la décoration de l'Architecture des colonnes du Temple de Jerusalem ?

Exod. c. 25. vers. 6.

3. Reg. c. 7.

Ne sçait-on pas encore que les Prophetes voulans remarquer la prosperité & l'état florissant d'Israël, ne trouvérent point de symbole plus convenable que cette fleur, dont l'excellence est aussi representée dans l'Exode, dans le Cantique des Cantiques, au livre de l'Ecclesiastique, & en l'Histoire de Josephe ?

Isaï c. 35. vers. 1. & 2.

Ose. c. 14. v. 6.

Cant. c. 2. v. 1. & 2.

Ecclesiast. c. 39. v. 19. c. 50. v. 8.

Iosep. 3. & 8. c. l. 1.

Mais pour venir à la defcription de cét Ouvrage, j'ai jugé à propos de rapporter la diverfité des fentimens des Auteurs fur les Armes de France, avant que propofer le mien, & de commencer par l'invention & l'ancienneté des Armoiries.

L'invention des Ecus blafonnez, felon l'opinion d'Herodote, dont fe fert Philippe Moreau, appartient aux Cariens, peuples d'Afie. Et comme les Affiriens n'alloient jamais aux occafions de la guerre, qu'ils ne fuffent garnis de quelques figures, & qu'ils croioient que leur Monarchie avoit efté établie du temps de Nembroth, plufieurs font d'avis que les blafons étoient de leur invention; d'autres en attribuent l'honneur aux Pictes, ainfi nommez, à caufe des figures de diverfes couleurs qu'ils portoient aux combats.

Philippes Moreau, Tableau des Armes de France.

Blafon des Armes de la Maifon Roiale.

D'autres Auteurs attribuent l'origine des Armoiries à Brunechild Roy des Belges, & à l'Empire de Julien l'Apoftat. Il y en a qui veulent qu'elles foient inventées du temps

A ij

que l'Europe étoit pleine des factions des Vandales, des Gots, des Lombards, & des Sarasins, si nous nous en rapportons à Pierre Marcel, Silvestre Girel, & Henri Kelver.

Les autres l'attribuent à la milice Theodosienne. Quelques-uns en mettent le commencement sous Charlemagne & sous les Lombards : d'autres sous l'Empire de Frederic Barberousse. Quelques-uns l'attribuent à l'âge de l'Empereur Domitian, qui entreprenant la guerre contre les Daces, ordonna à ses soldats, comme il est porté en l'Epitome de Dion, de faire imprimer sur leurs Boucliers leurs noms & ceux de leurs Centeniers & Capitaines, afin que l'on connût les braves & vaillans d'avec les lâches, & d'avec ceux qui manqueroient à leur devoir : & Monsieur du Tillet ajoûte que l'usage en étoit premiérement chez les Grecs, que chez les Romains.

Hist. de Paul Iove.

Memoires de Iean du Tillet.
Sebastianus Munsterus in Cosmogr. l.3.c. 217. fol. 872.

Munster en fait les Saxons inventeurs, lors que leur Chef Vedekind fut tenu sur les fonds de Ba-

ptême par Charlemagne. Les autres l'attribuent communément aux
Legions Romaines ; & il y en a
même, qui remontant jusques aux
premiers siécles, veulent en donner
l'origine aux Tribus d'Ifraël, & aux
Rois de Juda, à cause de leurs Devifes, dit Hellincius, Genebrard, &
Maréchal, aprés Rabi Abraham.

Gilberti,
Genebrardi
Chronic. l. 1.
Mathias
Maréchal
des Droits
Honorif. c.
5. p. 195.
Aprés Rabi
Abraham
in Cabal.
Hist.

Juste Lipse est d'opinion que les
Grecs, les Latins, les Romains, les
Barbares ont ajoûté diverses formes
& couleurs aux Ecus, soit pour les armes, afin qu'ils fussent plus connus,
soit pour la décoration, qui étoit une
ancienne coûtume, & qu'il dit avoir
esté observée par les Heros. Voici
comme il en parle. *Graci, Latini,*
Romani, Barbari varias formas, aut
colores fcutis addidere, five ad infi-
gne, ut cognofcibiles effent, five ad de-
corem. Vetus ritus, & quem Heroicis
quoque temporibus video obtinuiffe.

Iuftus Lip-
fius in Ann.
ad Mil. l. 3.
Dial. 2.

Mrs de Sainte Marthe freres ju-
meaux, qui ont fondé avec beaucoup de travail les secrets de la
Maison Royale, disent que les plus
judicieux estiment que les Armoi-

Hist. de la
Maison de
France liv.
11. p. 919.
Tom. 1.

A iij

ries n'ont esté en usage, que depuis les guerres entreprises par les Princes Chrétiens contre les Infidelles.

M. le Laboureur étant de même sentiment, assûre que les deux premiéres races de nos Rois, n'ont eû l'usage des Armoiries, lesquelles ont esté introduites pour distinguer les maisons Nobles, dans le temps de nos guerres de la Terre Sainte l'an 1096. que grand nombre de Princes & de Seigneurs de diverses langues s'étant joints ensemble pour faire cette formidable armée de six cens mille hommes, ils furent d'autant plus obligez de chercher le moien de se distinguer, que chacun d'eux étoit accompagné de ses Sujets & Vassaux, & qu'il falloit trouver un moien de pouvoir les rassembler aisément sous leurs Banniéres, lors que l'occasion le demandoit.

Le P. Menestrier, qui s'est fort étendu sur cette matiére dans plusieurs beaux Ouvrages, est d'avis que la pratique des Blasons n'a eû lieu qu'environ l'an mil, & que les

anciens Sceaux avant ce temps-là
n'avoient que la figure de la personne, ou le monograme du nom;
& que si les Armoiries ont commencé par les Tournois, il faut
avouër qu'elles n'ont esté en usage
que depuis l'an 938. Et il dit ailleurs que les plus judicieux n'estiment pas que les Armoiries aient
esté en pratique, ou du moins heréditaires & arrestées aux Familles, que depuis les guerres d'Outremer.

Charles Segouïn estime que c'est *Tresor He-*
par les vestemens qu'on a introduit *raldique.*
l'usage du Blason, fondé sur ces
vers de Catule :

Hæc vestis priscis hominum variata
figuris
Heroum mira virtutes, indicat
arte.

Mr de Reffuge des plus versez qui
se puissent voir en ces antiquitez,
rapporte le premier usage des Armoiries aux Tournois, fondé sur
les Ecus des principales familles
Venitiennes, qui sont ceux dont se
servoient les tenans de ces Joustes,

A iiij

pour se distinguer les uns des autres, & que c'est de ces Tournois que les Allemans tirent leurs principales preuves de Noblesse : néanmoins c'est sa pensée, que ces differences se multipliérent davantage aux Croisades, à cause du grand nombre des combatans qui chercherent à se rendre singuliérement reconnoissables.

Louïs & Scipion Amirate sont d'opinion que les François porterent l'usage des Armoiries aux païs de Naples & de Sicile, avec Charles de France Comte d'Anjou, qui fut couronné Roi l'an 1266. Mais André Favin remonte jusques aux Seigneurs de Hauteville sortis de Normandie, qui se firent Souverains de ces Etats, attribuant à Roger & à ses successeurs l'Ecu de gueules à la bande échiquetée d'argent & d'azur. A ces Princes Normans succederent ceux de la maison de Suéve, sortis de Constance, femme de l'Empereur Henri VI. qui portoient d'or à trois Léopards de Sable, avant l'investiture que le

Theatre d'honneur. Vn manuscrit qui est à Roüen en la Bibliotheque de M. Bigot, blasonne ces Armes de Hauteville d'argent à trois maillets de sable: Et la Chronique de

S. Siége donna à Charles d'Anjou l'an 1264. Ces Historiens ne s'accordent pas avec ceux dont nous avons parlé ; mais bien plûtost avec Jean de Paris Chanoine Regulier de Saint Victor, qui nous apprend que Roger se faisant couronner Roi de Sicile l'an 1226. aprés avoir subjugué la Pouïlle, la Calabre, le reste de la Sicile, avec une partie de l'Afrique, il fit écrire ce vers en son bouclier : *Sumens Regium Diadema fecit versum hunc in Clypeo suo inscribi.*

    Apulus & Calaber, Siculus mihi
       servit & Afer.

D'où l'on peut inferer que son bouclier n'étoit imprimé d'aucune autre figure ; ce qui n'exclud pas le port de quelques blasons en d'autres Ecus.

    Henri Spelman écrit que la Noblesse n'a eû des Armes que depuis que les Normans entrerent en Angleterre avec Guillaume II. leur Duc l'an 1066. & il est facile de voir que ce Conquerant est le premier des Ducs de Norman-

Norman- die, impri- mée par Megiffier, d'asur à la Croix d'or, accompa- gnée de qua- tre croiset- tes de mes- me, autre- ment semé de croisettes.

die qui a porté un Ecu de gueules à deux Léopards d'or, pour representer sa naissance hors mariage, plûtost que la naturelle-generosité de cét animal qui est bâtard : *Leopardus animal ex Pardo & Leana natus*, selon Pline. Les Rois d'Angleterre ses successeurs augmenterent cét Ecu d'un Léopard, en consideration du mariage de Henri II. avec Alienor heritiére d'Aquitaine, qui portoit ce Blason : ainsi il est composé de ceux de Normandie & de Guienne, comme l'a interpreté le Président Chassanée. *Rex Anglia habet pro armis tres Leopardos aureos in campo rubeo; sed unde hoc, nisi quia asserit se esse Ducem Normannia, qui habet pro armis suis duos Leopardos, & Ducem Aquitania, qui utitur, & habet unum, & hos tres simul copulat seu accumulat, & ponit ratione Regni.*

Polydore Vergile dit, que jusques à la venuë de ce brave Roi Guillaume, les Rois d'Angleterre n'avoient point d'armes certaines & arrestées; qu'à chaque mutation

Plin. Hist. lib. 18. cap. 15.

Alienor fut dimariée d'avec Louïs le Ieune. Bartholomeus Chassaneus de Gloria mundi.

Hist.ire d'Anglterre en la vie de Guillaume le Bâtard.

de Regne on les diverſifioit ſelon la
volonté du Prince qui ſuccedoit à la
Couronne ; & il aſſûre avoir veû
un vieil Livre, qui contenoit toutes les armes particuliéres des Rois
d'Angleterre, que Thomas Miles, &
autres Auteurs Anglois ont depuis
publiées juſques au nombre de douze
pour le moins, toutes differentes.

Eſtienne Paſquier appuiant cette
opinion, écrit que comme les Rois
d'Angleterre ſe bornerent aux Armoiries de Guillaume le Bâtard, de
même chaque grande Famille s'arrê-
ta à la deviſe de quelque perſonnage
renommé par ſa vertu & ſa valeur.

*Recherckes
de la Fran-
ce chap. 16.*

Chriſtophle Butkens avance que
le Blaſon n'a commencé dans
les Païs-Bas que du temps de
Thierry d'Alſace Comte de Flandres, dont il ſe voit des Sceaux.
Uredius en attribuë le commencement à Baudouïn II. Les premiéres
Armes de ces Comtes étoient gi-
ronnées d'or & d'azur à un écuſ-
ſon de gueules, comme depuis d'or
au Lion de ſable.

*Les trophées
de Brabant.*

*Sigilla Co-
mitum
Flandriæ.*

Heroldus continuateur de l'Ili-

*Cap. 7. lib.
2.*

A vj

ſtoire de la guerre Sainte, rapporte l'origine des armes d'Autriche au douziéme ſiécle l'an 1190. diſant que Léopolde Duc d'Autriche, fut le premier qui porta de gueules à la face d'argent, aprés le ſiége de Ptolemaïde. *Vnde ex eventu Fredericus totius exercitus ſuffragio nova illi inſignia rubro & albo coloribus interſtincta conceſſit.*

Livre 3. de ſon Andatouſie chap. 42.

Gonſalve Argote de Molina déclare que les guerres d'Eſpagne contre les Mores, ont eſté l'occaſion la plus ordinaire de l'uſage des Armoiries.

Article 1. de l'origine & progrés du blaſon, p. 4. & 5.

Enfin, l'Auteur de la methode du Blaſon dit que cét art n'a eſté bien connu que dans l'onziéme ſiécle, du moins n'en voit-on pas au de-là du dixiéme ; tout le reſte avant cela, n'étant que des chiffres, ou des hieroglifes, ou des figures, que les Grecs & les Romains portoient ſur leurs boucliers, pour marquer leurs grandes actions, pluſieurs même en ont tiré les noms qu'ils ont portez ; mais tout cela ne ſçauroit être appellé Armoiries, parce qu'elles n'étoient ni héréditaires, ni composées d'Emaux differens ; mais comme la pratique n'en a esté bien reglée que sous la troisiéme race de nos Rois , & qu'elles n'ont commencé qu'à l'occasion des expeditions militaires de nos François, il estoit juste qu'elles en tirassent leur plus bel éclat.

CHAPITRE II.

Qu'on a attribué aux premiers Rois de France trois Croissans pour leurs armes, & qu'on les a aussi blasonnées avec trois Couronnes.

LE Croissant étoit un ornement de Noblesse si ancien, qu'Isaïe prédit aux Juifs comme un grand malheur, que Dieu les privera de la parure des Croissans. Les Romains en portoient sur leurs souliers appellez *Lunati calcei;* ce qui est confirmé par Stace en ses Bocages : *Isaïa cap. 3. circa finem.*

> *Primáque patriciâ clausit vestigia Lunâ.*

Le Docte M. Huet a remarqué en ses Memoires, que l'origine des

Croiſſans eſt plus ancienne parmi les Mahometans que leur Religion même, parce que leur Religion a pris naiſſance chez les Arabes, qui ſont deſcendus des anciens Iſmaëlites & Madianites, qui adoroient la Lune, & pour marque de ce culte, portoient des Croiſſans, & en faiſoient leur principale parure. Auſſi il ſe voit dans le livre des Juges, que Gedeon aiant pris deux Rois des Madianites, trouva le col de leurs Chameaux parez de petits Croiſſans; car où le Latin porte *Bulas*, l'Hebreu a *Lunulas*. Les anciens Arabes adoroient la Lune, ſous le nom d'Alibat & de Cubar, & lui faiſoient des priéres, dont il reſte encore des veſtiges dans la Religion & les priéres des Mahometans. Les Arabes avoient pris cette Religion des Syriens leurs voiſins, qui adoroient la Lune ſous le nom d'Aſtarté; & de-là vient que tout l'Orient a encore la coûtume de battre des poeſles & des chauderons pendant les éclipſes de Lune, coûtume qui

Iudicum c. 8. Surrexit Gedeon & interfecit Zebee & Salmana; & tulit ornamenta ac Bullas, quibus colla regalium camelorum decorari ſolent.

a esté aussi receuë par les Occidentaux.

Ainsi l'ancienneté des Croissans a peut-estre servi de fondement à Nicole Gilles, & autres Auteurs, de dire que Pharamond nôtre premier Roy, & autres ses successeurs, portoient en leurs Armes d'argent à trois Croissans de gueules, que la Chronique de l'Abbaïe de Besne blasonne de gueules à trois Croissans d'argent. Etienne Pasquier & Lianeus sont de mesme sentiment sur le symbole de ces Armes : *Tres Luna*, dit ce dernier, *vnicornis seu crescentis figura, Gallorum fuerunt insigne.*

Nicole Gilles, en la vie de Clovis premier Roi de France.

Estienne Pasquier, en ses Recherches de la France.

Lianaus l. 6. de Iure publico c. 6. num. 33.

Mais parlant de ceux qui sont d'opinion que les Armes de France étoient composées de Couronnes, on sçait qu'elles ont toûjours esté la plus belle marque de la Souveraineté & du Triomphe, selon la pensée même de Plutarque & autres Historiens. Aussi Tigranes aiant jetté son Diadême aux pieds de Pompée pour témoigner son abdication, Favonius prit de

Valer. Maxim. l. 2. c. 2.

Plutarchus in Pompeio. Iacques Amiot, en sa Traduction, p. 83.

là sujet de lui reprocher qu'il n'importoit point en quelle partie du corps la marque Roiale soit placée : *Tigranes Tœniam proiecit ad Pompei magni pedes, ut significaret se Regnum suum abdicare, & in ejus potestatem reducere: vnde non refert, inquit Favonius, qua in parte corporis sit Regia maiestatis insigne.*

Amianus Marcelinus l. 7.

Hist. de la Delivr. de l'Eglise, du P. Merin.

Pauli Æmilii Chronic. de gestis Francorum.

Theodori Hœpingi de jure insignium tractatus.

Ioan. Gorop. Becan. l. 4. Francor. p. 91. & seq.

Paul Emile dit donc que Clovis avant son Baptême portoit l'Ecu d'argent à trois Couronnes de gueules ; & il en est encore parlé dans les traitez d'Armoiries qui ont esté publiez par Theodore Hœpingue, Jean Gorop Becan, Louvain Geliot, Jerosme de Barra, Claude Paradin, André Favin, Marc Gilbert de Varennes, & plusieurs autres.

Indice Armorial, par Louvain Geliot. L'art du Blason, de Ierosme de Barra. Alliances Genealog. des Rois & Princes, de Claude Paradin. Theatre d'honneur & de Chevalerie, par André Favin. Le Roy d'Armes, de Marc Gilbert de Varennes.

CHAPITRE III.

Sentimens de ceux qui repreſentent les Armes de France avec un Navire, la Pile, & la Croix.

LEs François, ſelon Vopiſcus & Genebrard, demeuroient anciennement ſur les bords du Rhin, dans le Païs de Cleves, Gueldres, Juliers, Friſe, Hollande, Zelande, Brabant. C'eſt pour cette raiſon qu'ils ont été appellez par les anciens, Sicambres, & leurs loix Ripuéres, & depuis Saliques, *Franci, quos pro conſuetudine Salios appellant,* dit Ammian Marcelin; & c'eſt ce qui a donné lieu à Sidonius Appollinaris, Renanus Latinus Pacatus, & à pluſieurs autres, de remarquer que le Navire eſtoit les propres Armes & Deviſes des anciens Gaulois & François. Claude Minois s'appuïant ſur leur autorité, dit que la ville de Paris a toûjours depuis porté un Navire en ſes Ar-

Genebrardi Chron. l. 2.

L'ancienne Sicambre, depuis appellée Vveſtphalie.

Ammianus Marcelinus lib. 18.

Sidonius Appollinaris lib. 4.

Pacatus Panegyr.

Claudius Minois, de ſymbolis & emblematibus.

mes. Voici comme il parle. *Navem Francis veteribus pro ſtemmaté adſcribunt Authores, argumento inde ducto, quòd idem ſignum Pariſiorum huc uſque maniſeſtè deprehendamus.*

Charon Hſt. des Gaulois & des Franſois.
Le principal ſymbole des Armes de la Ville de Paris a eſté fait ſur ce modele: car c'eſt un Navire équipé, voilé, & ſlottant d'argent en champ de gueules.
M. Malingre en ſes Annales de Paris l. 3. Bernard de Girard du Haillan. Hiſt. de France.

C'eſt peut-être ce qui a donné lieu à Jacques Charon de Monceaux, Claude Malingre, & autres Hiſtoriens, de dire que Meroüée fit peindre dans ſes étendars un Navire flotant d'argent en champ de gueules, pour marquer qu'il étoit Roi de ces Païs-là, qui par leur ſituation marécageuſe, ou maritime, obligeoit les Habitans de s'appliquer à la navigation, & qu'il ajoûtoit à cette figure ces paroles: *En altera qua vehat Argo ;* faiſant alluſion à cette flotte des Argonautes, qui s'empara de la Toiſon d'or de Colchos.

Peut-être auſſi que cela fit réſoudre nos Rois à faire graver un Navire ſur leurs Monnoies, & que le mot de Pile, dont nous nous ſervons encore preſentement, ne ſignifie que le côté où étoit autrefois gravé un Navire, comme celui de Pilote signifie celui qui conduit un Vaisseau.

Je sçai bien que M. Mesnage dans ses doctes origines de la Langue Françoise, croit que le mot de Pilote vient de *Pyrota* ou *Proreta*, qui signifie dans Plaute, celui qui observe les vents à la prouë d'un Vaisseau ; mais l'on pourroit bien dire aussi qu'anciennement Pile & Navire estoient synonimes, & que mesme la circonstance de graver un Navire sur les monnoies, s'observoit dans l'Europe avant le temps des premiers Rois François : car Macrobe remarque, que Janus Roi d'Italie, fit graver d'un côté de sa monnoie l'image de Saturne, qui lui avoit appris l'Agriculture, & de l'autre un Navire, parce qu'il étoit venu en Italie dans un Vaisseau.

Macrobi l. 1. Saturnalium c. 7.

Ce mesme Auteur fait aussi mention du jeu des enfans, qui jettant en haut une piéce de monnoie, crioient, Teste ou Pile : *Capita aut Navim exclamant* ; & Saint Augustin parlant des deux images de

August. l. 4. de anima c. 14.

l'ame, l'une qui se rapporte à Dieu, & l'autre au corps, dit que la monnoie estoit marquée d'une teste & d'un navire : *An duas habebit anima imagines, à summo quidem Dei, ab imo quidem corporis, sicut in nummo dicitur caput & navis ?*

Il paroist que l'on voioit dés ce temps-là sur les monnoies la teste de Saturne d'un costé, & le navire de l'autre. On peut encore remarquer quelque trace de la mesme chose dans le livre qu'Aurelius Victor a fait de l'origine des Romains.

Mais l'antiquité des monnoies Romaines, marquées de la figure d'un navire, est écrite d'une maniére tres-sçavante par M. Huet, lequel nous dit, aprés le témoignage de Macrobe, & d'Aurelius Victor, que Janus Roi d'Italie fit marquer dans ses monnoies sa teste d'un costé, & un navire de l'autre, en memoire de l'arrivée de Saturne en Italie, qui se fit par mer, & par consequent dans un Navire, & que de-là étoit venu le jeu que les

enfans joüoient de leur temps,
quand aiant jetté une piéce de monnoie en haut, ils crioient Teste ou
Navire : à quoi quelques-uns se sont
persuadez que répondoit nôtre
Croix ou Pile, parce que la Croix se
mettoit souvent parmi les Chrétiens à la place de la Teste, & que
le mot de Pile signifioit Navire en
vieux François, & qu'ils prouvent
par là le mot de Pilote, qu'ils prétendoient être venu de celui de Pile ; & il appuie cette conjecture
par cette autre, que le mot de Pile
peut être venu du Grec πλοῖον, qui
signifie la même chose. Quoi-qu'il
en soit, ajoûte-t-il, quand le Poëte Lucile, grand-oncle de Pompée,
a parlé de *Quadrans ratitus*, il ne
peut avoir entendu qu'une monnoie valant le quart d'un *As*, qui
étoit marquée de la figure d'un petit batteau, que les Romains appellent *Ratis*. Feste dans son Livre
de la signification des mots, explique ce que c'étoit que le *Quadrans
ratitus*, & dit aprés quelques autres que le *Quadrans* & le *Triens*

Festus de Verborum significatio- ne.

ont esté appellez *ratiti*, parce qu'ils
étoient marquez de la figure d'une
barque, ou petit batteau, de même
que l'*As* étoit marqué de celle d'un
Navire ; & cette explication paroît
plus vrai-semblable que celle que
propose Antonius Cnipho au même endroit de Feste, qu'il seroit
inutile de rapporter, puisqu'elle ne
fait rien à ce sujet.

Dans la suite, les Rois de France
s'étant faits Chrétiens, ne pûrent
souffrir que l'image d'un faux Dieu,
comme Saturne, parût sur leur monnoie, & y firent mettre une Croix ;
mais depuis on l'a marquée d'un
côté de l'image du Prince, & de
l'autre de l'Ecu des Armes, à la
place du Navire.

D'autres Auteurs croient que le
mot de Pile signifioit autrefois une
Arme, dont les anciens Rois faisoient graver la figure sur leurs
monnoies, comme M. de Clerac
écrit en ses Memoires sur les anciens poids & mesures de Guienne ; car il remarque qu'il y a une
Arme nommée Pile, sous l'Ecu des

Armes de la ville de Bourdeaux, &
sur le revers des anciens sous Bour-
delois.

Lucain dans sa Pharsale, parlant
de la guerre de Cesar & de Pompée, fait remarquer cette arme,
lors qu'il dit que les deux partis
portoient des Aigles en leurs Enseignes, & des Piles pour armes dé-
fensives.

Pares Aquilas, & Pila minantia
Pilis.

D'où vient que Varron prend le
mot de Pile pour un dard Romain
qui faisoit perir l'ennemi : *Pi-*
lum, dit-il, *pro telo Romano dictum,*
ab omine pilum, quod hostis periret,
alias feriret ut perilum ; & c'est ce
qu'a aussi observé Jean Gerard
Vossius.

Les Romains n'ont pas esté les
seuls qui se font servis de cette forte
d'armes ; car les François en ont eû
l'usage, & quelques-uns d'eux ont
pris en leurs Ecus la figure de la Pile
& celle du Perle, qui font toutes
deux fort communes parmi les nobles d'Angleterre.

Varro l. 4:
Ling. Lat.

Enfin l'on a aussi attribué aux armes de France une Croix; & c'est ce qui a fait dire à David Blondel, qu'avant Philippes I. tous les Rois se contentoient de l'effigie de quelque Croix, se satisfaisant de la marque, & de l'instrument de nôtre Redemption : *Ante Philippi Primi tempora ubique Reges solius Crucis, hac aut illa forma effigiata sigillo contenti fuerunt.* Aussi Jean Baptiste Tristan rapporte que Dagobert portoit en sa monnoie une Croix avec cette inscription : *Deus Rex*, abaissant son Diademe aux pieds du Sanctuaire : *Mihi autem absit gloriari,* *nisi in Cruce Domini nostri Jesu Christi.* Mais son effigie étoit au revers, & au tour son nom, *Dagobertus.*

Pauli epist.
ad Galatas
cap. 6.

CHAPITRE IV.

Qu'entre les symboles de l'Ecu de France, l'on y a compris le Lion, le Dragon, & l'Aigle.

SI la maison de France a souvent changé d'Armoiries, selon l'opinion

pinion de Cujas : *Quod domus Fran-* *Iacob. Cu-*
cia ſapius arma ſua mutavit ; on *jac. ad l.*
peut croire que le Lion, le Dra- *15. reſp.*
gon & l'Aigle, eſtant des ſymbo- *Papiniani*
les illuſtres, cela a porté divers Au- *l. 13. §.*
teurs à les luy attribuer. Car le *ad Leg.*
Lion repreſente la géneroſité, com- *Cornel. de*
me le plus courageux & le plus fort *Falſis.*
de tous les animaux : *Leo fortiſſi-* *Tom. 4.*
mus beſtiarum ad nullius pavebit *Proverb.*
occurſum. Il eſt même ſi vigilant, *c. 30.*
qu'il dort les yeux ouverts : *Cuſtos,* *Iuſt. Lipſius*
oculis quia dormit apertis ; & Juſte *l. 1. Epiſt.*
Lipſe & *Minutius Felix* mettent *20. Epiſt.*
cét animal, & notamment ſa face, *quæſtionum*
au nombre des Dieux : *Inter Deos*
videmus Leones torviſſima facie.
Leones autem in Diis cultos fuiſſe,
aut certè eorum faciem. On ſçait
auſſi que le Dragon, dont la veuë
eſt perçante, étoit deſtiné pour
garder les pommes d'or du Jardin
des Heſperides, c'eſt à dire, le Treſor Royal : *Draco acutiſſimi viſus*
eſſe creditur. Aurea Mala Draco
pervigil diligentiſſimè obſervabat.
Que l'Aigle, qui étoit en boſſe aux *Flavius*
Enſeignes des Legions Romaines, *Ioſeph. l. 3.*

B

étoit la marque des Victoires :
Aquila autem volentißima , victoria-
que habens omen , vexillum Legio-
num , & conflabatur ex auro & ar-
gento ; & que cét Oiseau, qui est le
prince des airs , & le porte - foudre
étoit considéré comme une Divinité parmi les Romains : D'où vient
que les Juifs ne le peurent souffrir
à l'entrée de leur Temple, au dire
de Josephe.

Theodore Hoëpingue est d'avis
que les Rois de France , faisant la
guerre aux Romains, rejettérent,
par le conseil de leurs Devins, les
Crapaux pour prendre le Lion qui
est plus noble, avec une queuë de
Serpent qui suffoquoit un Aigle,
pour marque de la prudence & de
la génerosité ; & que lors que l'Empire fut transferé aux Allemands,
ils conserverent l'Aigle seul, comme il est porté dans Forcatule :
Reges Francorum ab ea ætate, quâ
bellum cum Romanis gesserunt, Va-
tum consilio, Ranis tribus abjectis,
Leonem excellentiorem cum cauda
Serpentis positum, & Aquilam forti-

Theodori Hoepingi de Iure insignium tractatus.

Stephanus Forcatul. l. 6. de Gallico Imperio & Philos. in principio p. 779. & seq.

ter comprimentem & suffocantem, fortitudinis & sapientia signa sumpserunt, diu maximè obtinuerunt, donec tandem ad Germanos Imperium Romanum devolutum, Leone obliterato, Aquilam detulerunt.

C'est aussi le sentiment de Triteme, Clodomar, & Doracus, aprés Hunibald, que nos Rois portoient un Lion-Dragon avec un Aigle, qui se blasonne coupé d'or & d'azur au Lion dragonné de l'un en l'autre, tortillant de sa queuë un Aigle d'or par le col.

Agrippa parlant des Ecus des Romains, Phrigiens, Thraciens, Gots, Alains arrivez en Espagne, Saxons, & autres peuples, dit que les anciens François portoient un Lion: *Sic Romani Aquilam avium rapacissimam sibi delegerunt, Phrigii Suem perniciosum animal, Thraces Martem, antiqui Gothi Vrsam, Alani Hispaniam invadentes, Catum rapax simul & fraudulentum animal, Franci veteres Leonem, eundem etiam Saxones.*

M. du Tillet est de même opi-

Henrici Cornelii Agrippa de incertitudine & varietate omniũ scientiarum & artium de arte Heraldica c. 81.

B ij

nion, que les François portoient un Lion en la Germanie, avant la conquête des Gaules; ce qui doit estre, dit-il, entendu de leurs Enseignes & Etendars militaires. Et le port

Simon Majolus Tom. 5. colloq. 5.

des Lions si frequent en armes parmi les François, procede, dit Majolus, de ce que le Chef de la nation Françoise portoit un Lion

Indice Armorial de Louvain Geliot.

d'or en champ d'azur, ce qui est confirmé par Louvain Geliot.

Jean le Feron attribuë à Robert

Iean le Feron. Recueil des Connétables.

le Fort, & autres prédecesseurs de Hugues Capet, le Blason d'or à l'Aigle de sinople.

André Favin dit que les préde-

André Favin, Theatre d'honneur.

cesseurs de Pepin le Bref, portoient de gueules à trois Aigles d'or, que Charles Martel en portoit six de même Blason. Charlemagne un d'or au champ d'azur, dont Othon

Indice Armorial de Louvain Geliot. Roi d'Armes de Marc Gilbert de Varennes.

de Saxe changea les émaux en or & en sable, comme rapportent Geliot & de Varennes. Mais les Rois d'Italie, descendus de Louïs le Débonnaire, portoient de gueules à l'Aigle d'or, selon la Chronique de Berty.

DU BLASON. 29

Il est écrit dans celle de l'Abbaïe Saint Denis, que l'Aigle d'or, qui estoit élevé sur le Chariot d'Othon, eût les aîles coupées, & que le Dragon fut brisé, & le tout porté au Roi ; c'estoit Philippes Auguste. Aussi selon Paul Emile, le Blason de l'Empereur Othon étoit un Aigle & un Dragon : *Aquila Draconi insidens Othonis Cæsaris signum.*

Etienne Pasquier rapporte que les Armoiries de France étoient tantôt trois Crapaux, tantôt un Lion seul, ou un Lion-Dragon, accompagné d'un Aigle en sa queuë, & que cette variété dura jusqu'à la venuë de Clovis, lequel pour faire son regne plus miraculeux, se fit apporter, dit-il, par un Hérmite, comme par avertissement du Ciel, les Fleurs de Lis qui se continuent jusques à nous.

Corroset aiant compilé les opinions d'Hunibald, Bouchet, & autres Ecrivains, veut que les François avant & depuis Pharamond, aient porté en Armoiries, tantôt l'Ecu

En ses Recherches l. 2. c. 12.

Tresor des Histoires de France par Corroset.tit. 36. de ses Annota-

B iij

d'argent à trois Raines, ou Gre-
noüilles de finople, autrement trois
Crapaux de fable; tantôt auffi un
Ecu d'or au Lion d'azur, la gueule
ouverte, la queuë renverfée en forme de Serpent, à l'extrémité de laquelle étoit ajoûté un Aigle pris
par le col, les aîles étenduës. Que
Clovis, premier Roi Chrétien, laiffant l'Ecu à trois Crapaux, prit
celui d'azur aux Fleurs de Lis d'or
envoié divinement. Et paffant à la
troifiéme race, ajoûte que les Armes que portoit Robert, prédecef-
feur de Hugues Capet, étoient d'a-
zur, femé de Fleurs de Lis d'or à
la bordure de gueules.

tions fur les Armoiries de France.

Hunnibaldus in Chronica.

Iean Bou-chet, Au-teur des Annales d'Aquitai-ne, en fa Chronique des Effigies des Rois de France, & de leurs Ge-nealogies & Epitaphes.

CHAPITRE V.

Du Bœuf, des Abeilles, & de l'Al-
loüette, dont on a blafonné
l'Ecu de France.

LE S Egyptiens ont adoré le Bœuf
fous le nom d'Apis: *Item Boum*
capita immolatis & colitis, felon

un paſſage rapporté par M. Loiſel; *Antoine* & Saint Jerôme en parle en ces *Loiſel en ſes* termes : Il me ſemble que le peu- *Opuſcules.* ple d'Iſraël étant dans le Deſert fit *Hieronym.* une teſte de Veau pour l'adorer; *ad c. 4.* & Jeroboam, fils de Nabot, fa- *Oſée.* briqua des Veaux d'or, comme il avoit appris en Egypte. *Videtur idcirco mihi populus Iſraël in ſoli- tudine feciſſe ſibi caput vituli quod coleret, & Jeroboam filius Nabot vitulos aureos fabricatus, quod in Ægypto didicerat.* Nos premiers Rois ſe ſervoient de cét animal pour tirer leurs Chariots, & les Armes du Roiaume en étoient marquées, ſelon Jean Jacques Chifflet. *Boves aratores, quibus ve- hi ſoliti primi Reges, ſunt Regni inſignia.* C'eſt auſſi la penſée de Janus Cecil Frey : *Aratrum cum* *Coſmogra- iugo primorum Regum potiſſimum phia ſele- jnſignia, cùm Boves aratores currum ctiora. traherent.*

Le même Chifflet, l'adverſaire *Livre im-* des Fleurs de Lis, décrivant le Se- *primé à* pulcre de Chilperic I. où il s'eſt *Anvers, in- tisulé Ana-* trouvé des Abeilles, repreſente plu- *ſtaſis Chil!*

B iiij

perici Francorum Regis, sive Thesaurus Sepulcralis.

sieurs symboles attribuez aux Armes de France, qu'il refute, comme les Crapaux, les Croissans, les Diadêmes, les Iris, les Haches, & s'arrête au Bœuf & aux Abeilles: *Apes ex auro puro solida*, qui ont un Roi sans aiguillon : *Rex ipse sine aculeo est*, qui n'est point severe, & qui n'exerce point la vengeance, selon l'opinion de Seneque & d'Elian. Et le sieur Chifflet, pour établir son sentiment de la continuation des Abeilles aux Armes de France depuis Chilperic, se fonde sur des Vers que Jean Baptiste Mantuan fit pour l'entrée triomphante du Roi Louïs XII. à la ville de Gennes l'an 1507. où il represente la Robe de ce Prince semée d'Abeilles , qui avoient un Roi que l'on remarquoit sur toutes les autres.

Seneca l. 1. de Clementia c. 19. Ælian. l. 5. de animalibus c. 10.

> *In medio Rex victor, equo subli-*
> *mis in alto*
> *Murice conspicuus, rutilanti splen-*
> *didus auro*
> *Signabatur Apum sparsim toga*
> *tota figuris.*

Cúmque Apibus Regnator Apum
fulgebat in ostro.

Mais c'est-là un foible fondement, pour vouloir établir cettè
opinion; car la representation de
ces Abeilles exprimoit plûtôt la
Roiauté & la Clemence de ce Monarque, que toute autre chose; &
l'on a même veû des Fleurs de Lis
si mal faites, qu'il sembloit que
c'étoient des Abeilles.

Ce qui détruit encore ce sentiment, c'est l'Histoire de Jean d'Au-
ton, & une Relation manuscrite de
cette entrée de Louïs XII. à Gennes, qui remarquent que le poîle, &
tous les ornemens dont on se servit
en cette Céremonie étoient d'un
drap pers semé de Fleurs de Lis, sans
qu'il soit parlé d'Abeilles.

Pour l'Allouëtte, Hoëpingue parlant en géneral des Armes de France, l'emploie entre ses symboles, &
dit, que les anciens Gaulois l'a-
voient prise pour leur Devise, parce qu'elle a des plumes élevées sur
la teste en forme de cimier: *Alau-*
da veterum Gallorum insigne. Alau-

Pers, se
prend pour
la couleur
bleuë.
Theoderi
Hoëpingi de
Iure insi-
gnium tra-
ctatus.
Limneus L
6. de Iure
publ. c. 6.
num. 33.

B v

da avis, qua *Galerita vocabatur*, quia apicem habet, hoc est plumam elatam in capite ad similitudinem *Galeri sive Galea* : D'où vient que Varron l'appelle *Galericum*, & Pline *Galeritam*. Cét Oiseau, qu'aucuns nomment Aigrette, à cause du Cimier qui paroist sur sa teste, s'appelle aussi *Aluda*, qui étoit le nom d'une Legion Romaine de l'armée de Cesar dans la Gaule.

Iacobi Augusti Thuani l. 56. Hist.

Plin. l. 11. c. 37.
Statius l. Theb.

Les Bretons appellent aigrette l'Alöüete, en blasonnant les Armes de Lesnerac, ancienne famille de leur nation.

CHAPITRE VI.

Des trois Crapaux qu'on a attribuez à l'Ecu Roial.

Bartholomeus Chassaneus in Catal. gloria mundi par. 5. consf. 31. n. 11.
Henrici Cornelii Agrippa de incertitudine & varie-

BIEN que Chassanée soit d'opinion que le symbole des Grenouilles ou Crapeaux aie esté apporté de Scythie par les François ; & qu'Agripa aie dit que s'étant rendus les maîtres des Gaules, ils prirent pour leurs Armes des Crapaux : *Sed deinde sumpserunt Franci in Gallia commorantes Bufones*: Néanmoins d'autres veulent que la raison pour laquelle l'on a donné des Crapaux aux François, vient de ce qu'étant sortis des Marests de West-phalie, & aiant une voix enroüée ou enrumée, ainsi que dit Ammian Marcellin, les Etrangers envieux de leur grandeur, les appelloient Crapaux.

tate omnium scientiarum & artium de arte Heraldi. c. 81.

Hoëpingue est de sentiment que Pharamond & les Rois de France ses successeurs, ont porté premiérement un Ecu de sable à trois Crapaux d'or, pour marque qu'ils habitoient une terre feconde, grasse, & abondante en toutes sortes de biens, & de richesses : *Pharamundi enim, ut fertur, saeculo, Francorum Reges tres aureos Buffones in nigri coloris area gerebant, illo sensu hieroglifico, quod sicut Buffones pinguiorem terram eligunt, ita Franci uberiorem sibi hoc signo utentes possidendum sumpserunt agrum.*

Theodorus Hoepingus §. 1. claf. 1. p. 285.

Mais Robert Gaguin, Jean Naucler, Crusius & Sumff, disent unanimement que ces Armes sont d'or à trois Crapaux de sable : *Colorem aree aureum sive flavum, & Ranas*

Roberti Gaguini Hist. Franc. l. 3. p. 8. Nauclerus vol. 2.

Cosmographia gen. 17. in principio. Crusius par. 1. Annal. Suevia l. 1. c. 7. in fine. Sumff l. 3. Chronic. c. 17. Ioannes Bertol. in Hist. Luxemb. c.5. Indice Armorial de Louvain Geliot.

nigras fuisse. De cét avis sont encore Marjol, Jean Bertole, & Geliot, qui ajoûte que les François venus des Paluds Meotides portoient des Crapaux, parce que ce sont des lieux boüeux & marêcageux.

M. du Tillet appuiant cela, dit que l'Ecu Roial fut changé aprés le Baptême du Roi Clovis Premier Chrétien, & que ses prédecesseurs Rois, selon les Chroniques, portoient auparavant trois Crapaux en leur Ecu.

Lib. 3. Animalium.

Ces opinions sont judicieusement refutées par Papire Masson, parce qu'elles ne sont fondées sur aucune bonne autorité : *Quorumdam opinio est Bufones in militia signo Franciæ olim visos, quod illi nulla autoritate dicunt.* Et il y a lieu de croire que l'on a pû prendre des Fleurs de Lis mal faites pour des Crapaux ; car selon Claude Paradin, les Fleurs de Lis qui étoient

Alliances Genealogiques de la Maison de France.

representées en bosse dans la ville de Nismes, leur ressembloient si fort, qu'on croioit que ce fust des Crapaux, bien que ce fût des Fleurs de Lis.

Enfin, quelques Auteurs voulans qu'il y ait de l'armonie, & de la convenance entre les Crapaux & la Fleur de Lis, se servent du témoignage de Vigenere, que la cervelle d'un Coq étant bien cuite, nette, entiére & sans fracture, represente d'un côté un Crapaut, & de l'autre une Fleur de Lis. *Et siquidem*, dit Gregoire, *quod admiratus sum in capite Galli Gallinacei in cerebro integrè, sine fractura exossato comperies in facie una Buffonem, quo in dorsum verso altera facie exprimitur miro artificio Lilium.*

Blaise Vigenere en ses Annotations sur les Commentaires de Cesar.

Petrus Gregor. l. 1. c. 11. num. 2.

CHAPITRE VII.

De l'origine des Armes de France avec les Fleurs de Lis; & qu'on les a aussi blasonnées avec la Fleur d'Iris, ou de Pavilée.

QUELQUE origine qu'aie cette Fleur, elle a fait depuis plusieurs siécles l'honneur de nos Monarques, qui comme bien-aimez de Dieu & des hommes, font leur demeure entre les Lis : *Dilectus meus mihi, qui pascitur inter Lilia.*

Plusieurs ont été en peine de trouver le temps que le Blason des Fleurs de Lis a commencé dans les Armes de France. L'Histoire de l'Abbaïe S. Barthelemy de Joïenval au Diocese de Chartres, premiérement fondée sous l'invocation de Nôtre Dame, nous veut persuader, que prés d'une fontaine qui étoit à la solitude de ce lieu, l'Ecu de France semé de Fleurs de Lis fut révelé par un Ange à un pieux Hermite, qui porta Clovis à le prendre, aprés qu'il fut fait Chrétien l'an 496. Mais ceux qui disent qu'il y avoit alors un Abbé de Joïenval, qui receût d'un Ange cét Ecu de France, se mécontent fort, parce que la fondation de ce Monastere fut faite environ l'an 1221. par Barthelemy Sire de Roie, où il est enterré avec Petronille sa femme, & il fut blessé à la bataille de Bouvines combatant l'an 1214. sous le Roi Philippe Auguste.

Canlic. c.6.

Monasterium Gaudivallis in Diœcesi Carnotensi Ordinis Præmonstratensis circa annum 1221. à nobili viro Bartholomeo Domino de Roya Franciæ Camerario fundatum est sub patrocinio S. Mariæ Virginis & beatorum Martyrum Laurentii & Quintini, & huius loci Ecclesia dedicata est die Sanctæ Trinitatis an. 1224. ut notant carta huius Monasterii.

M. de Mezeray dit aussi tres-ju-dicieusement, que l'Ecu semé de Fleurs de Lis, l'Etendart ou l'Ori-flame, furent déposez par un Ange entre les mains d'un bon Hermite, en la solitude de Joïenval prés Saint Germain en Laie, ne parlant point qu'il y eût en ce temps-là aucune Abbaie. *Histoire de France.*

Quelques Auteurs, & entre au-tres feu M. du Chesne en ses Me-moires, font mention d'un vieil Manuscrit, qui contient que Mil-le de Noyers, l'un des principaux Officiers de la Reine Clotilde, fil-le du Roy de Bourgogne, avoit re-ceû Commission du Ciel, d'appor-ter l'Ecu semé de Fleurs de Lis, ré-velé par un Hermite au Roi Clo-vis son Epoux.

Bertelius est un de ceux qui rap-portent que Saint Remy, Prélat de l'Eglise de Reims, baptisa Clovis, & l'oignit Roi, d'une huile appor-tée du Ciel par un Ange, & qu'il prit pour Armes les Fleurs de Lis, que Dieu envoia miraculeusement du Ciel, & que le symbole des *Ioannes Bertelius in Hist. Lu-xemburgi p. 5.*

Crapaux fut alors delaiffé. *Per ministerium Divi Remigii Remensis Ecclesiæ Antistitis Clodoveus sacro ablutus baptismate fuit, ac consequenter oleo cælitus per Angelum allato in Regem inunctus fuit; Lilia insuper aurea cælitus à Deo demissa Regum insignia fuere, quæ anteà Buffones præferebant.*

Pierre Grégoire eft de même avis, que les Rois de France, qui portoient les Crapaux, prirent les Fleurs de Lis envoiées du Ciel. *Hoc autem Lilium à Cælo semel concessum, cùm anteà Reges Franciæ Bufones pro insignibus haberent.*

Trithemius & Goroppius font encore de même fentiment, que les Fleurs de Lis font venuës du Ciel, par ces paroles : *Nam Lilia Gallica Cælo demissa sunt.*

Hoëpingue parle de l'Oriflame & de l'Ecu à trois Fleurs de Lis envoié du Ciel à Clovis; cét Ecu fe montrant en l'Abbaie de Joïenval. Voici comme il s'exprime : *Vexillum aureum Auriflammam vocatum cælitus ad Clodoveum iu*

Petrus Gregorius præludiis optimi justi probique magistratus l. I. c. II. n. 2.

Trithemius de compendio vol. I. Chronic. Goroppius l. 4. Franc. p. 94.

Theodori Hoepingi de Iure insignium tractatus.

Abbatia Jocavallensi, ubi scutum tribus Floribus inspectum ostenditur, demissum.

Vivaldus Napolitain est d'opinion, que Clovis quitta l'Ecu de gueules à trois Croissans d'argent, & ajoûte qu'il receût les trois Fleurs de Lis du Ciel se faisant Chrétien, afin que toute la Religion Chrétienne connût que la tres-noble Famille des Princes François avoit été choisie pour maintenir vigoureusement les Mysteres de l'Eglise de Dieu. *Hic Clodoveo, quia mysterium Incarnationis Christi mente suscepit, tria Lilia aurea de Cælo delapsa sunt, ut tota Christiana Religio palam cognosceret nobilißimam familiam Francorum Principum fore electam ad tuendum diligentius facta mirabiliora Ecclesia Dei.*

Ludovicus Vivaldus de Monteregali.

Barthelemi Chassanée, après avoir parlé de la Verge de Justice, & du Sceptre ou Baston de commandement, qui est orné à sa cime d'une Fleur de Lis, dit que le Roi de France ne peut conceder le port de ses Armes, parce qu'elles

In Catalogo de gloria mundi. Quod Rex Francorum habeat sua Arma cælitus demissa.

lui appartiennent, non par coûtume, mais par révelation divine, faite à Clovis, de prendre les Fleurs de Lis envoiées du Ciel, au lieu des trois Crapaux : *Duas virgas folent deferre Reges Franciæ, quoniam unam virgam portant in manu dextera, in qua fupra in fummitate virga eft unum Lilium, quod habet vim Sceptri :* Et en un autre article : *Rex Franciæ non poteft alteri concedere portum fuorum Armorum, quod habet non folùm ex confuetudine, fed ex divina revelatione, divinitus enim Clodoveo fuerunt Lilia de cælo miffa loco trium Bufonum.*

De Francorum Geftis l. 1. fol. 9. ver. Robert Gaguin dit expreffément en la vie de Clovis premier Roi Chrétien en France, qu'il a appris de la Renommée, que les trois Crapaux que les Rois de France portoient pour leurs Armes, furent changez aux Fleurs de Lis d'or en champ d'azur, envoiées du Ciel lors du Baptême de Clovis, & que le lieu où fe fit ce miracle fe voit au Monaftere de Joïenval.

Voici ses termes : *Famâ vulga-*
tum accepi fuisse Regibus Francis
Buffones tres nobilitatis quidem in-
signe , sed Clodoveo Christianis sa-
cris initiato demissum Calo esse, id
quod nunc Reges gestant Lilia au-
rea , quibus subest Cali sereni color,
quem azurum Franci dicunt : ad
hanc rem mihi astipulatur Divi
Bartholomei Monasterium, quod Gau-
dium-Vallis appellatur , ubi fons
huius miraculi ostenditur; sur quoi
l'on a fait ce Distique.

Hac sunt Francorum celebranda
insignia Regum,
Qua demissa polo, sustinet alma
fides.

Sebastien Roüillard de Melun, *Vie de la*
aprés avoir décrit deux singuliéres *Bienheu-*
propriétez de la Fleur de Lis ; sa *reuse Isa-*
sublimité & sa fecondité, comme *belle de*
étant la plus haute & la plus abon- *France,*
dante de toutes les Fleurs ; il a *sœur du Roi*
pensé que ç'a été par une inspira- *S. Loüis,*
tion secrete, que le grand Clovis *Fondatrice*
avoit embrassé le Christianisme, *de l'Abbaie*
& receû la Fleur de Lis, pour mar- *champ, dite*
que & devise de ses Armes , & *de l'Humi-*
lité Nôtre-
Dame, Or-

44 TRAITÉ SINGULIER

dre de Saint François, l'an 1260. p. 61.

qu'il avoit à l'instant pris pour son cry de.guerre, *non pas Montjoie,* selon le vulgaire; mais comme il est écrit dans les Archives de Saint Denis, moult-joie, c'est à dire, joie multipliée, joie par tout, joie en abondance.

André du Chesne cite cette Chronique en ses Memoires M S.

Une Chronique écrite du temps de Charles VI. parlant du Leopard d'Angleterre avec mépris, & l'appellant Felon, à cause de la guerre qui étoit entre les deux Nations, exhorte les François à bien honorer la noble Fleur de Lis, que Dieu envoia par le ministere d'un Ange au Roi Clovis.

Le Roi d'Armes par Marc Gilbert de Varennes.

De Varennes décrivant les Fleurs de Lis, dit : Quant au grand Clovis, l'on doit demeurer d'accord que ce premier Chrétien de nos Monarques quitta les trois Diadêmes, & non les trois Crapaux prétendus, pour changer son Ecu d'azur à trois Fleurs de Lis d'or, que le Ciel luy avoit données par l'entremise d'un Arcange.

Tessera Gentilitia.

Silvestre *Petra Sancta* est de cette opinion, que l'ancien Ecu

d'azur femé de Fleurs de Lis d'or,
a été donné par un Ange au Roi
Clovis. Voici ce qu'il rapporte:
*Sata fine numero aurea Lilia in
areola coloris faphirini, funt vetus
Teffera Regum Gallia, per fjdereum
Nuncium calitus data Regi Clodo-
veo.*

Favin eft auffi de fentiment, que
Clovis receût du Ciel l'Ecu d'azur
à trois Fleurs de Lis d'or.

*André Fa-
vin en fon
Theatre
d'honneur
& de Che-
valerie.*

Charles Segouïn eft d'avis, que
les Fleurs de Lis font les plus précieux meubles des Armoiries qui
fe trouvent en France, & que le
Blafon de nos Rois fut apporté du
Ciel à Clovis premier Roi Chrétien.

*Trefor He-
raldique.*

Louvain Geliot écrit que nos
Rois ont porté les Lis d'or en nombre different; que Clovis, fuivant
le nombre myfterieux de trois, les
receût du Ciel, & qu'il les mit en
champ d'azur.

*Indice Ar-
morial.*

L'Auteur de la Méthode Royale
& Hiftorique du Blafon, dit que
quelques Hiftoriens ont donné pour
Armes à nos premiers Rois trois

*Pag. 9. &
196.*

Diadèmes, ou trois Croiſſans; mais que tout cela n'eſt pas moins fabuleux que le Dragon étranglant un Aigle de ſa queuë; & que la plus ſaine opinion eſt, que le Roi Clovis receût dans l'Abbaye de Joïenval, de l'Ordre de Prémontré, les Fleurs de Lis par les mains d'un Saint Hermite qui lui dit, qu'un Ange les avoit apportées du Ciel, pour en orner l'Écu de France: Qu'en l'an 1381. le Roi Charles VI. réduiſit à trois les Fleurs de Lis, pour en tirer le ſymbole de la Sainte Trinité, que ſes prédeceſſeurs avoient portées juſques alors ſans nombre.

Jean Ferrant Auvergnat ſoûtient fortement la production celeſte des Armoiries de France, & l'antiquité des Fleurs de Lis, fortifié du témoignage de 43. Auteurs François, ſuivis de pluſieurs Etrangers, Flamans, Allemans, & Eſpagnols. *Audeo*, dit-il, *te unum hoc literariâ contentione convenire, ut pro ſummo cenſurâ jure, quod tibi ob ampliſſimos togæ honores datum eſt, judicis*

quàm verè, quàm rectè tergemina
Regum nostratium stirpi, contra Equi-
tem Sequanum Lilia de cælo divini-
tus transmissa vindicaverim.

Les François qui étoient au Con-
cile de Trente, en la contestation
meuë en matiére de préséance, se
firent fort, entre une infinité de raisons invincibles, que le Roi de France étoit oint d'une onction celeste,
& que les Fleurs de Lis lui avoient
esté divinement envoiées : *Gallum*
Regem unctum esse, & Lilia divini-
tus accepisse.

Goropius est encore du nombre
de ceux qui veulent que le Bouclier
de France ait une origine toute ce-
leste : & nous dirons à ce sujet, que *Bartholo-*
du Regne de Numa Pompilius il *meus Chas-*
tomba du Ciel un petit Ecu, qui *sanæus de*
servit de remede à la contagion *gloria mun-*
dont Rome étoit travaillée, & qu'il *di.*
fut tenu pour une chose divine ;
parce que les Augures aiant été
consultez, dirent que le lieu où cét
Ecu seroit conservé, seroit le Siége
de l'Empire du Monde : *Fertur, re-*
gnante Numa Pompilio, breve Scu-

tum de cælo lapsum , quod pestilentiæ
remedium fuit , quâ Civitas labora-
bat : consulti deinde Aruspices, respon-
derunt ibi futurum totius Orbis Im-
perium , ubi Scutum illud servaretur.
De quo Ovidius 4. Fastorum :

    Ecce levi Scutum versatum levi-
    ter arma
    Decidit à populo , clamor ad astra
    venit.

Ces Auteurs se sont persuadez
peut-être , que si les Romains ont
crû que ce Bouclier contenoit leur
destinée, ils pouvoient aussi - bien
croire cette ancienne tradition touchant les Armes de France, qui ont
été accompagnées de plusieurs autres graces, comme de l'onction de
la Sainte Ampoulle, du don miraculeux de guerir des écroüelles, qui
a été transmis à tous nos Rois; &
de l'Oriflamme Sacrée , qui ne se
déploioit qu'aux combats les plus
importans, & que Gaguïn dit avoir
été envoiée du Ciel. *Traditum quo-*

Roberti
Gaguini
rerum Gal- *que est pannum sericum rubrum , in-*
licarum An- *star signi militaris quadratum , miro*
nales. *fulgore splendentem , divinitus esse*
    exceptum ,

exceptum, quo in expeditionibus contra Fidei Christianæ hostes pro signo Franci uterentur, huicque vexillo nomen Auriflammam hactenus permansisse, &c.

Il se voit aussi une Relation manuscrite de l'onction envoiée du Ciel, & du pouvoir qu'ont les Rois de France de guerir des écroüelles, faite au sujet du Couronnement du Roi Charles VIII. à Reims, le Dimanche 30. May 1484.

Mais Limneus traite de fantaisie l'opinion que l'Ecu semé de Fleurs de Lis soit envoié du Ciel, l'appellant *sermonem phantasticum.* Jean Baptiste de Valdere, Flamand, prenant le parti de Jean Baptiste Chifflet, Bourguignon-Comtois, Auteur du Livre intitulé, *Lilium Francicum,* est de même avis; & Jean du Tillet réfute aussi ce sentiment, & contredit que les Armes aux Fleurs de Lis aient été envoiées du Ciel au Roi Clovis, & que l'Ecu à trois Fleurs de Lis que l'on montre en l'Abbaye de Joienval, a été inventé depuis le Roi Char-

Limneus lib. 2. de jure publico c. 6. num. 33.

Jean Bapt. de Valdere en son Traité des Ducs & Duché de Brabant. & des charges hereditaires Palatines.

Jean du Tillet en ses Chroniques.

C

Le même en ses Memoires, pag. 319. & 320.

les VI. Cét Auteur estime encore, prenant l'affirmative contre les précedens, que Clovis depuis son Baptême prit les Fleurs de Lis d'or pour l'Ecu Roial, & que d'autres ont mal assûré que ces Fleurs n'étoient que l'Armoirie de la troisiéme Race régnante, & non des deux premiéres. Il dit avoir veû des images des Rois Merovingiens, comme de Clotaire II. & de Sigebert, qui en avoient leurs tuniques & leurs souliers semez. Claude Fauchet contredit cela, prétendant que ces Figures ne sont que des lacs & des molettes, & que les tombeaux sont modernes.

Chronic. de gestis Francorum.

Paul Emile rapporte que Clovis aiant déposé toute sorte de pompe & de faste, prit l'humilité d'un particulier, & se presenta à Saint Remi pour se purifier, & se faire absoudre : ainsi, il fut regeneré de l'eau & de l'Onction celeste du Baptême. Il voulut même, ajoûte-t-il, que cét illustre changement parût jusques dans ses Armes, quittant les trois Diadêmes de gueules en champ d'argent , pour prendre ce jour-là les Fleurs de Lis, & fut appellé Louïs , autrement Clovis. Voici comme il parle : *Clodoveus, omni fastu deposito , in humilitatem privati hominis descendens , se purificandum absolvendúmque Remigio mitissimè tradiderit ; ita sacra lustratus aqua, & velut cælestis muneris chrismate delibutus , cúmque tribus Diadematibus rubris in alba parma depictis ad eam diem usus fuisset , pro gentilitiis insignibus liliata signa accepit, eíque à Clodoveo Ludovicus nomen datum est.*

Dresserus a remarqué qu'on voit des Fleurs de Lis au Portail de l'Abbaïe de Saint Pierre de Fulde en Allemagne , qu'il dit fondée par Dagobert Roi de France.

Genebrard & Henninge ont écrit qu'Oton ou Eudes Comte d'Anjou porta premiérement ses Armes semées de Fleurs de Lis, que les Rois de France ses successeurs ont conservées long-temps : *Ottonem Ducem Aurelianensem , Comitem Andium , insignia Regia innumera de-*

Dresserus part. 5. Isag. Hist. de præcipuis Germaniæ urbibus , in voce Exfordia, p.227. Gilbertus Genebr. l. 4 Cosmogr. Henninges Genealogic. Tabul. 21. & 26.

C ij

picta Liliis primùm sumpsisse, & à posteris Franciæ Regibus diu retenta fuisse.

La petite Chronique contenuë au Trésor des Histoires, remarque que le même Oton ou Eudes, couronné Roi de France l'an 888. porta premiérement ses Etendars de couleur d'azur, marquez de Fleurs de Lis d'or, & que cela a duré jusques au regne de Charles VI. qui ordonna que ce Blason seroit réduit à trois.

Origines de la France. Claude Fauchet écrit d'une autre maniére l'origine des Armes de France, & avance que les François étant sortis des Sicambres, habitans des marests de Frise, cela donna lieu à leurs Rois de prendre pour leur symbole la Fleur de Pavilée ou Iris, qui est un Lis jaune, croissant dans & prés les marais aux mois de May & de Juin, en champ d'azur, qui ressemble à l'eau, laquelle reposée prend la couleur du Ciel, marque de la sérenité de cette Monarchie.

M. du Fresne du Cange dans la

profonde recherche qu'il a faite de
l'origine des Armoiries de France,
estime que ses symboles sont des
Lis de marais.

Sidonius Apollinaris appelle aussi
les François *Paludicolæ* ; parce que *Lib. 4.*
de son temps ils cueilloient des Lis
en ces marais pour s'en parer.

Marc Vulson de la Colombiére *Science Hé-*
dit qu'ensuite de l'insigne victoire *roïque.*
que le grand Clovis remporta sur
les Allemans , les François de son
armée cueillirent des Fleurs de Lis
dans un marais proche du champ
où la bataille s'étoit donnée, & en
couronnerent leurs têtes en signe de
victoire ; & que dés lors ce Monarque les porta pour ses Armoiries
quand il fut baptisé. Aussi, selon
l'opinion de Cecile Frey, les Couronnes de Lis étoient la marque
ordinaire de la victoire chez les
Carthaginois , les Gaulois , & autres
peuples : *Prò numero victoriarum &*
expeditionum Carthaginensibus, Gal-
lis, aliisque , ex Liliis Corona fue-
runt texta. Et il cite, pour appuier
son dire, ce passage d'Aristote, que *In Politicis.*

C iij

les vainqueurs augmentoient leurs Couronnes de Lis, suivant les conquestes, qu'ils faisoient : *Liliorum ornamentum pro numero expeditionum augent.*

Mais soit que le·Blason des Armes de France vienne des victoires du grand Clovis, soit qu'on se fonde sur l'origine & habitation de nos anciens François, ou sur les mysteres de la Tradition de Joïenval, nous dirons qu'il est fondé sur l'éloge que l'Ecriture Sainte a fait du Lis, par cette expression : * Considerez les Lis des champs comme ils croissent, ils ne travaillent ni ne filent, & je vous dis que Salomon même dans toute sa gloire n'étoit pas vêtu comme l'un d'eux. Car n'est-il pas vrai que par la Loi Salique, qui a été apparemment établie dans le même temps que ces Armoiries ont été prises, le Roïaume de France ne file non plus que les Lis, c'est-à-dire, ne tombe jamais de lance en quenouïlle, *ne lancea transeat ad fusum?*

**Considerate lilia agri quomodo crescunt : non laborant, neque nent : dico autem vobis quoniam nec Salomon in omni gloria sua coopertus sicut unum ex istis.
Math. c. 6. v. 28 & 29.
Considerate lilia quomodo crescunt, non laborant, neque nent: dico autem vobis, neque Salomon in omni gloria sua vestiebatur sicut unum ex istis. Luc. c. 12. v. 27.*

Chapitre VIII.

*De l'interpretation des Fleurs de Lis,
que plusieurs celebres Auteurs disent être l'extrémité des Haches,
ou Francises, ou Francisques, ou
Dards, ou Javelots, ou Pertuisa-
nes, ou Sceptres fleuronnez.*

NOus dirons, selon Janus Cecil Frey, que la Hache d'armes étoit l'Armoirie ou marque
Roiale des Rois de France, qu'il
appelle *Securim Francisam, id est
Francorum ferrum: Isa, Isen, ferrum,
telum, seu arma:* & que cette Francise ou Hache d'armes s'appliquoit au
Sceau Roial. Ce qui se voïoit autrefois, dit le Sieur Frey, en l'Abbaïe
Sainte Geneviéve du Mont à Paris,
au tombeau de Clovis. Et faisant la
description de cette Figure, il dit
que personne n'a encore observé
l'explication des Armes de France,
mais qu'aïant souvent fait réflexion
de quelle espece de Lis c'étoient,

*Livre im-
primé à Pa-
ris, intitulé,
Admiranda
Galliarum
compendio
indicata.*

C iiij

il a crû qu'on les pouvoit appeller
des Francifes , ou des Dards doubles, qui ont la forme de ceux qui
font en ufage en France , fuivant en
cela la penfée de Procopius & d'A-
gathias, qui veulent que ces Dards
foient doubles, l'extrémité en pointe , & les côtez recourbez comme
des hameçons. Voici fes propres
termes : *Sed nemini ifta hactenus
obfervata cùm fuerint, aut explicata
merentur, ut quid de infigni Gallorum Lilio ad fidem Hiftoriæ medi-
tatus fum, primus benignè legar, au-
diárque. Subiit mentem fæpè cogita-
tio, quodnam genus Liliorum foret,
quod hac figura qua Lilia Gallicana
depinguntur, efflorefcet, & nullum
curiofius licet omnibus inveftigatis
reperire potui. In eam tandem fen-
tentiam delapfus fum, effe non Lilii,
fed Francifæ , feu Bipennis , id eft,
teli Francici formam , cui rei vox
ipfa , qua infignia Gallorum folemus
vocare arma , favet. Tum Auctores
magni, Procopius & Agathias, qui
hoc genus teli fic defcribunt: Secures,
inquiunt, de Francis ancipites geftant*

*In superiori parte ferri, circa ipsam
aciem recurva, existant utrimque
tamquam hami laminula, & ad ip-
sius teli partem inferiorem dever-
gunt. Item securis ferrum crassius
erat, & utrimque acutum. Annon
hæc Germana est Armorum seu Insignium, qua Lilia vocare consueve-
runt, descriptio? Præsertim verò si
inferiores etiam partes incurvas sursum inspiciamus, & quasi nodo seu
lamina ferrea junctas.*

Le même Auteur se sert encore
du témoignage qui se voit en la vie
de Saint Remi, & dans les Rela-
tions de Hincmar son successeur en
la Prélature de Reims, comme les
François s'étoient servis de l'Arme
appellée Francise, ou Francisque.
C'est au sujet d'un vase d'une mer-
veilleuse beauté, qu'un Cavalier de
l'armée de Clovis, avant qu'il fût
Chrétien, avoit enlevé de l'Eglise
Cathédrale de Reims; & ce vase
étant réclamé par Saint Remi, le
Roi consentit de le lui restituër:
mais le Cavalier s'y opposant, afin
qu'il fût mis avec les autres dé-

C v

pouïlles, pour être partagées entre ce Monarque & toute l'armée; Sa Majesté qui ne pût souffrir l'insolence & le manque de respect de ce Soldat qui avoit frapé ce vase au grand scandale de toutes ses troupes, se servit de cette arme pour tuër ce Cavalier dans Soissons. *Vnus Francus*, dit cét Auteur, *levis cum vociferatione elevatá bipenni, quod est Francisca, percuβit urseum illum, dicens : Tu nihil nunc accipias, Rex, nisi quod tibi sors vera dederit, obstupefactis omnibus. Rex injuriam suam patienter ferens, acceptúmque urseum Nuncio Ecclesiastico reddidit, servans iram suam in corde suo absconsam. Transacto anno, Clodoveus Rex omnem exercitum suum jußit cum armorum apparatu advenire in Campo Martio, omnium armorum nitorem horum videre. Verum ubi Rex totum exercitum circuivit, venit ad hominem illum qui urseum anteà percusserat, & ait ad illum: Nullus tam incultam & sordidam armaturam habet, quàm tu ; quia neque clypeus, neque lan-*

Le Roi faisoit la reveüe de son armée.

cea, neque bipennis est utilis. Accepit autem Rex Franciscam ejus, quod est bipennis, & projecit in terram. At ille cùm inclinasset se ut attolleret eam, statim elevatis manibus suis Rex, Franciscam suam in capite ejus defixit, & ait: Sic tu Suessionis civitate; superiore anno in urseo illo fecisti. Mortuoque illo, exercitum Rex de illo Campo jussit recedere in pace ad propria sua. *Securis simplex & bipennis: bipennis dicitur, quòd ex utraque parte habeat aciem quàsi duas pennas.* *Ioan. Iac. Chifflet.*

Gregoire de Tours parle de cette Hache d'armes double, qu'il appelle *Securim bipennem*: & voici le Sommaire de ce qui est amplement contenu en son Histoire, & raporté ci-devant par Hincmar: *Vnus levis, invidus ac cerebrosus cum voce magna elevatam bipennem urseo impulit, &c. Rex, elevatis manibus, securim suam capiti ejus defixit: Sic, inquit, apud Suessianas in urseo illo fecisti.* *Gregorii Turonensis Episcopi Historiarum lib. 2. p. 71.*

Jean-Isaac Pontanus parlant de l'origine des François, dit qu'ils furent ainsi appellez, parce qu'ils se servoient d'un instrument de guerre nommée Francise, qui étoit une espece de dard ou javeline. *Lib. 3.*

C vj

Antiquitez
de Fulde
l. 2. chap. 13.
Iustin lib.
13. c. 3.

Christophle Browerus & Justin
disent que les Rois portoient anciennement des Haches, les érigeant
en simulacres : & Barthius en parle
dans son Livre sur Claudian.

Lib. 2. de
rebus Iusti-
niani Imp.

Procope de Césarée & Agàthias
Scholasticus décrivent ce genre de
Dard ou Hache d'armes. Sur quoi
le sieur Chifflet, en expliquant leur
pensée, dit : *Hæ pleraque sui parte
ferro sunt obductæ, itaut perparum
ligni à laminis ferreis nudum con-
spiciatur, atque adeo vix totà imà
hasta cuspis, suprà verò ad extremi-
tatem spiculi quidem adunci mucro-
nes utrimque prominent ab ipso spiculo, instar hamulorum reflexi, &
deorsum vergentes.* C'est-à-dire, que
ces Haches étoient recourbées, &
qu'il paroissoit à l'extrémité une
pointe, & aux deux côtez deux especes de crochets, semblables à des
hameçons recourbez.

Paul Emile nous faisant connoître en la vie de Clovis I. que les
Rois se servoient de cette Hache, dit
que ce Prince en tua un Soldat re-
belle : *Elata altè securi, quo telo Re-*

ges utebantur, in capítque dejecta,
stravit, repetitúmque interemit. Cela se réduit à la représentation d'u-
ne pertuisane, selon la pensée de
M. Papillon en ses doctes Recherches.

Claude Faucher, qui a approfondi cette antiquité plus que les autres Auteurs, assûre que les anciens
Gaulois portoient un Dard ou Javelot, appellé *Meris* ou *Gessum* ; &
que les premiers François portoient un instrument appellé *Fran-*
cisque, lançon ou *ançon,* qui est de la
façon d'une Hache d'armes, dont
la hante étoit plus courte que celle
d'une hallebarde, ayant un fer tran-
chant au bout doré sur un manche,
qu'ils lançoient contre leurs enne-
mis, qui en étoient fort endomma-
gez lors qu'ils en étoient frappez à
nud ; mais s'ils recevoient un coup
sur leurs Ecus où Boucliers, la hante pendante tournoit à terre, & ils
en étoient fendus.

Ces figures de dards sont appel-
lées, *Angones & tela qua sunt gen-*
tium peculiaria spicula, dans Suidas.

La hante se dit de l'épée levée.
Methode du Blason, page 195.

Cette defcription a donné lieu à plufieurs de croire que c'étoit la même chofe, que ce que nous appellons prefentement Fleur de Lis : & c'eft pourquoi René de Cerifey parlant des Armes de France, dit qu'à cette Hache d'armes paroift un Dard, qui par fimilitude a été appellé Fleur de Lis : *Hafta illa, cujus fpiculum Auctores nonnulli impreffum fuiffe putant Scuto militari Regum, quod pofte à propter fimilitudinem accepimus pro Flore Lilii.*

De Infignibus Regum.

Henri Spelman, Nicolas Upton, Jean de Bafclor, François de Fone, & Edoüard de la Biffe, Auteurs Anglois, font d'avis que les Armes de France reprefentent plûtoft la Hache d'armes appellée Francifque, que des Fleurs de Lis : *Effe non Lilii, fed Francica feu bipennis, id eft, teli Francici formam habens.*

Afpilogia de ftudio militari. Tractatus de Armis. Cod. M. Note.

Bonaventure Vülcain eft d'opinion, que ce qui eft reprefenté dans l'Ecu de France, n'eft que des fers de Javelot, & que c'eft feulement à caufe de la reffemblance, qu'on les appelle Fleurs de Lis.

M. Boulleau dit pareillement, *En ses Observations sur Agathias.* que la coûtume de porter les Fleurs de Lis sans nombre, vient peut-être de ce que dans les Etendars une multitude de Javelots étoit exprimée, comme si on avoit voulu representer un bataillon armé de ces Javelots : & il y a bien plus d'apparence de juger ainsi, que de dire selon cét Auteur, que ce sont des Fleurs.de Lis veritables. La raison est, que les pointes de ces Fleurs de Lis sont toutes droites & sans nombre, qui sont la figure d'un Javelot tout droit : & il n'y a, ajoûte-t-il, aucune apparence que lors de la premiére institution de ces Armoiries, on eût pris des figures de cette façon, & sans nombre, & toutes uniformes, pour representer des Fleurs. que l'on auroit mises en autre posture revétuës de leurs fueilles & de leurs papillotes. Il y a aussi beaucoup plus d'apparence de croire, dit-il encore, que ces Etendars, ou Armoiries qui en viennent, auront été marquées de la figure d'un Fer ou Arme , que non pas d'une Fleur, puisque ces Etendars servoient à la guerre, & qu'une Nation belliqueuse comme la Françoise aura plûtost eû l'idée d'une Arme que d'une Fleur : de sorte qu'il tombe dans le sentiment de ceux qui croient que les Armes de France sont des Dards ou Javelots.

M. du Puy en ses Memoires, où il traite des Armes de France, qu'il adresse à M. de Grentemesnil, ne résout pas entiérement cette question, & dit seulement que l'autorité de Janus-Cecil Frey, Suisse de nation, & grand beuveur, n'est pas assez forte pour prouver que les Fleurs de Lis aient pris leur origine des anciennes Armes des Gaulois, qui est la Hache d'armes, ou fer aigu, avec deux crochets recourbez : *Securis Francisa cum spiculo, & ferro utrimque recurvo.*

Il est constant que nos Rois faisoient porter devant eux des Masses d'armes, qui anciennement avoient cette figure. Les Bâtons de Bec de Corbin, que porte une Compagnie de Gentilshommes de la Maison

Royale aux Ceremonies publiques,
font des veftiges de cette Arme;
néanmoins avec quelque changement, dit le fieur Frey, lequel fe
fert de cét exemple: *Et certé fimi-*
les fecures, qua coram Regibus pra-
fertim folent adhuc praferri, inter
Regios Aulicos Officiarios, ut intueri
licet; forma tamen faculorum decur-
fu mutata aliquantum.

Admiranda
Regum, cap.
ult.

Cela fait voir que les anciens Auteurs ne demeurent pas d'accord,
que ce qui eft reprefenté dans l'Ecu
de nos Rois, foit des Fleurs de Lis;
puifque plufieurs le prennent pour
une forte de Dard, ou Javelot.
Mais ce font plûtoft les extrémitez d'un Sceptre, auquel ces Fleurs
font attachées comme acceffoires.
Ce qui eft manifefte par l'exemple
de certaines Fleurs de Lis que les
Herauts blafonnent au pied nourri
ou coupé. Ou bien, nos Rois confi-
derans que les Fleurons ou Fleurs
de Lis étoient propres pour fervir
d'enrichiffement à leurs Couronnes
& à leurs Sceptres, crûrent ne pouvoir pas faire un choix plus illuftre

& plus glorieux, que de prendre des symboles de leur dignité, pour former leurs Armoiries, & pour l'ornement de leurs cottes d'armes, banniéres, & manteaux de ceremonie.

Ioannes Go-ropius Beca-nus lib. 4. Francorum cap. 94. in fine.

Becan fait la description de la Fleur de Lis en trois fuëilles, celle du milieu plus élevée, & celles qui l'environnent, plus abaissées : *Eundem florem*, dit-il, *tam affabrè expreßum habent apertißimè Reges Francorum. Tria folia cernas, unum sursum assurgens, & duo à lateribus ab erecto utrimque declinantia.*

Ces Lis ne composent pas seulement le symbole des Armes de France, car le Sceptre ou Bâton d'or qui soûtient la Fleur de Lis, en est aussi une partie, pour signifier leur souveraineté : & cette piéce d'armes peut retenir le nom de Francise ou Francisque, puisqu'elle tient la place de la Hache d'armes, & qu'elle en a quelque ressemblance, sur l'allusion du nom François, la plûspart des Armes étant anciennement parlantes.

Enfin, quelques-uns sont d'avis,
selon Messieurs de Sainte-Marthe,
André Favin, & la Chronique du
Montier-neuf à Poitiers, que les
prédecesseurs de Hugues Capet
Comte d'Anjou, portoient de gueules à huit bâtons fleuronnez d'or,
en forme de Labarum ou d'Ensei-
gne, pour témoigner la seigneurie
& domination qu'ils avoient sur les
peuples. Ce mot de *Labarum* pro-
cede, selon Grethserus, de ce que *Grethserus*
les Gensd'armes s'écrioient, *Labor, lib. 2. de*
Labor, & hinc Labarum, comme *Cruce 6. 25.*
prévoyans les travaux de la guerre.

CHAPITRE IX.

Que nos Rois ont porté des symboles
personnels en leurs Ecus, differens
de ceux des Armes du Roiaume,
& de la diversité de leurs supports:
ce qui est appuié de la difference
du Blason des Armes des Princes
puisnez de la Maison de France.

TOUTES ces Armes si differentes, dont j'ai fait la descri-

ption , peuvent avoir été choifies
par quelques-uns de nos Rois, dans
le temps qu'elles n'étoient héréditaires , mais accidentelles, chacun
les prenant felon les occafions qui
fe feroient offertes : ou pour mieux
dire , c'étoient des Armes ou des
Devifes perfonnelles , qui ne regar-
doient que la perfonne qui les avoit
choifies.

Pour bien comprendre cette di-
ftinction, il faut s'imaginer que les
Armes qui n'étoient point l'Écu du
Roiaume , étoient des fymboles que
chaque Roi choififfoit en particulier, qui néanmoins n'avoient point
de raport aux veritables Armes.

Theatre d'Honneur. Cela fe voit, felon André Favin, par
les Armes des Rois d'Auftrafie, qui
portoient bandé d'or & d'azur ; par
celles des Rois de Soiffons , qui
étoient échiquetées d'or & d'azur ;
par celles des Rois d'Orleans & de
Bourgogne, qu'on blafonna d'azur
Chronique du Monftier neuf , parlant des Rois d'Aquitaine. femé de cailloux d'or. En la feconde Race, les Rois d'Aquitaine , en-
fans de Charlemagne , portoient
fuzelé d'or & d'azur ; & les Rois de

Germanie , descendus de Louïs le Debonnaire , d'or fascé de trois piéces d'azur.

Ainsi, toutes ces Armes n'avoient aucune réssemblance à celles du Roi de France ou de Paris , Chef de la Monarchie , les fondamentales demeurans toûjours pour le regard du Roiaume.

Il se remarque même par le témoignage de M. du Tillet , qu'il y avoit alors deux sortes d'Armes , fondé sur ce qu'au mois de Mars l'an 1300. le Roi Philippes le Bel donna à Adam de Villemonde un fief assis au bourg d'Auvers prés de Pontoise , à la charge qu'à chaque mutation de Seigneur , le feudataire presenteroit deux arçons de selle de cheval , l'un aux Armes de France , & l'autre à celles de Clovis , en reconnoissance de cette érection de fief. *Iean du Tillet.*

Il est encore évident , que nos Rois en ces derniers siécles ont eû des symboles personnels pour suporter leurs Ecus , qui n'avoient aucune convenance avec les hereditaires du Roiaume : car les Rois Charles VII. Louïs XI. Charles VIII. & Louïs XII. n'ont pas pris des Anges qui sont les genies, suports, ou tenans particuliers de l'Ecu de France ; mais des Cerfs-volans, avec ce symbole pendu au collier de ces animaux : *Hoc Cæsar me donavit*. Et le dernier de ces Monarques avoit des Porcs-Epics ; dequoi parle Jean Froissard sur l'année 1382. Gaguin, & aprés lui Chassanée, en ces termes : *Carolus sextus Cervum alatum auream coronam collo gestantem pro Regiis insignibus habuit saltem ; Carolus septimus, Ludovicus undecimus, & Carolus octavus, Scutum Regium duobus Cervis lateraliter illud tenentibus circumdatum habuerunt, & etiam vela Regia eodem modo ornata gestarunt; & Ludovicus duodecimus, Scutum Regium histricibus ab utroque latere ornabat, vel Scuto histricem supponebat; Franciscus primus ex Salamandris duabus, & communiter habentes Lilia in suis armis, timbrant ex Liliis quatis.* Moreau est de même senti-

Forcatulus lib. 6. de Galliarum Imperio pag. 780. Claude Paradin in symbolis pag. 198.

Robertus Gaguinus de Francorum gestis. Bartholomæus Chassanæus de gloria mundi.

Philippes Moreau, des arrêts.

ment pour la Fleur de Lis double au *Armoiries de France c.s.pag.227.*

Cimier; mais il exclud les bâtards de cette marque.

Les Memoires de M. du Cange & de M. de Peresq, qui sont uniformes, nous verifient plusieurs suports differens des Armoiries de France.

Les premiers, du Roi Philippes Auguste, sont deux Lions retournez.

Les seconds, de Louïs VIII. sont deux Sangliers retournez.

Les troisiémes, de Saint Louïs, sont deux Dragons retournez.

Les quatriémes, de Philippes le Hardi, sont deux Aigles retournez.

Les cinquiémes, de Philippes le Long, sont deux Lions en profil retournez; & pour les Armes de Navarre, huit escarboucles.

Les sixiémes, de Charles le Bel, sont deux Lions leopardez, retournez; & il porte les mêmes escarboucles que le Roi son frere, pour le Roiaume de Navarre.

Les septiémes, de Philippes de Valois, sont deux Levriers retournez, un feul Lion gifant fous l'Ecu, dans un fceau attaché à des Lettres données à Vincennes, & un feul Ange fuporte un autre Ecu.

Les huitiémes, du Roi Jean, font deux Cignes retournez, liez au col l'un à l'autre pardeffus l'Ecu, en des Parentes données au Bois de Vincennes.

Les neuviémes, de Charles V. font deux Levriers d'azur, bleffez de gueules; au cimier, un Dauphin entre un vol ou deux aîles d'or; puis deux Dauphins retournez, & un Dauphin feul : ce qui paroift en un fceau donné au Bois de Vincennes.

Les dixiémes, font deux Anges que le Roi Charles VI. avoit pour tenans, qui font les plus ordinaires de France, & qu'on dit être heréditaires.

Les onziémes font deux Cerfs-volans que portoit Charles VII. dans les tapifferies de Bruxelles.

Les douziémes, de Louïs XI. qui portoit auffi deux Cerfs-volans, coletez de l'Ordre qu'il avoit inftitué;

ftitué ; puis un feul avec le même Colier de l'Ordre, comme il s'eft veû autrefois à Roüen.

Les treiziémes, deux Licornes que portoit Charles VIII. & le Croiffant de Saint Maurice fous le fecond Ecu de Jerufalem : ce qui s'eft veû ci-devant à Roüen.

Les quatorziémes font deux Porcs-Epics coletez de camail, que Loüis XII. avoit pour fuports.

Les quinziémes font de François I. qui portoit deux Salemandres, ou bien une feule, fous fon Ecu.

Les feiziémes, de Henri II. font deux Levriers & un Croiffant fous l'Ecu, qui fe font veûs au Château du Louvre.

Les dix-feptiémes, deux Lions d'Ecoffe, de gueules pour François II. à caufe du Roiaume de ce nom.

Les dix-huitiémes, deux doubles Colonnes couronnées, pour Charles IX.

Les dix-neuviémes, deux Aigles de Pologne d'argent, pour Henri III. qui avoit eû cette Couronne.

D

Les vingtiémes, de Henri IV.
font deux Vaches de Bearn, de
gueules.

Et les vingt-uniémes, deux Her-
cules, pour le Roi Louïs XIII.

Cette différence des Armes de
France, tant principales qu'accef-
foïres, fe prouve auffi par les Armes differentes que portoient en la
premiére & feconde Race, les Enfans puifnez de France : car, comme dit M. du Tillet, les metaux &
les couleurs de l'Ecu de France
étoient prifes en Armoiries par aucuns puifnez. D'où vient qu'en la
troifiéme Race, les Enfans puifnez

*Nicolas
Bergeron en
fon Valois
Roial.*

des Rois de la premiére branche
de Bourgogne ont porté bandé d'or
& d'azur à la bordure de gueules.
Ceux de Vermandois & de Dreux,
l'Echiquier d'or & d'azur, ces derniers y ajoûtans une bordure de
gueules. Ceux de Courtenay, d'azur
femé de billettes d'or, felon Guy
Coquille; & les laiffant depuis, ils

*Guy Co-
quille en
fon Hift. de
Nivernois.*

prirent d'or à trois Tourteaux de
gueules, qui eft l'Ecu de Courtenay ; toutes ces Branches n'aiant

jamais porté les Armes Roiales,
dans le temps qu'elles ont paru.

Geliot dit, que depuis Charle- *Louvain*
magne jusques à Philippes le Con- *Geliot, In-*
querant, il n'y a eû aucun fils ni *dice Armo-*
frere de Roi, sinon l'aisné, qui ait *rial.*
porté les Fleurs de Lis : ce qui est
tiré des Ecritures du Roi Louïs XI.
produites au procés contre Marie
de Bourgogne, touchant le Duché
de Bourgogne, qu'il montre être
venu de la Couronne, alleguant entr'autres raisons, que bien que d'ancienneté les Ducs ne portassent
point les Fleurs de Lis, mais seulement la banniére de six piéces en
bande d'or & d'azur, les émaux de
France étoient pourtant la marque
de l'origine des Princes de Bourgogne.

La même chose s'observoit au
fait des Armes & des Noms en toutes les grandes familles : car les fiefs,
dit M. du Tillet, aiant esté faits
hereditaires & patrimoniaux depuis
l'an 900. & sur la fin de la seconde
lignée, la Noblesse de France prit
des surnoms, qui n'étoient conti-

D ij

nuez qu'au fils aisné , qui heritoit
du principal domaine ; & les puisnez prenoient leurs surnoms du
principal fief de leur partage. Depuis , chaque surnom a été d'ordinaire continüé en la lignée, comme
l'Armoirie. Mais les puisnez des
Rois prennent le surnom de France
avec les Fleurs de Lis , depuis Saint
Louïs , qui le premier le permit
avec brisure , dit la Chronique de
Berri. Néanmoins le surnom de
France n'est pas continué aux Enfans des puisnez de la Maison Roiale , qui prennent celui du principal
titre de l'appanage.

CHAPITRE X.

Depuis quel temps le Blason des
Fleurs de Lis a été hereditaire
à la Maison Roiale.

Histoire de
la Maison
de France.
tome 1.

QUELQUES-UNS sont d'avis,
comme rapportent Messieurs
de Sainte-Marthe, qu'Eudes Comte de Paris, qui fut éleû Roi de

France durant la minorité de Charles le Simple, l'an 885. introduisit en France la Banniére semée de Fleurs de Lis, ou sans nombre, pour l'heureux augure des Rois infinis qui lui devoient succeder: Opinion qui n'est pas suivie, disent-ils, par M. du Tillet, lequel estime que le grand Clovis prit pour Ecu Roial les Fleurs de Lis.

Villani veut que Hugues Capet, *Livre 4.* premier Roi de la troisiéme Race, *Cét Histo-* & tous ceux de sa famille, aient *rien Floren-* toûjours porté en leurs Armes des *tin vivoit* Fleurs de Lis d'or en champ d'azur, *du regne de* & que Charlemagne ait aussi porté *Philippes le* de son temps en la seconde Race, *Bel.* l'Ecu mi-parti d'or à l'Aigle à deux têtes de sable, & d'azur aux Fleurs de Lis d'or sans nombre.

L'on remarque aussi dans l'ancien Ceremonial du Couronnement de nos Rois, que les Abbez ou les Prieurs de Saint Denis en France font obligez de porter à Reims la Couronne, le Sceptre, & la Tunique couverte de Fleurs de Lis d'or de Charlemagne.

En ses Antiquitez Gauloises.

Claude Fauchet dit qu'il ne se souvient point dans les profondes recherches qu'il a faites, d'avoir veû des Armoiries marquées de Fleurs de Lis avant Pepin, & que les anciens Rois scelloient leurs Lettres ou Chartres sur or, ou sur cire, avec une image en pourfil, comme l'on voit en une piéce de monnoie de Charles le Simple, qui est au Tresor de l'Eglise de Nostre-Dame de Paris.

Mais cét Auteur semble se contredire en un autre endroit, où il raporte qu'il n'a veû aucunes marques des Fleurs de Lis, que depuis Louïs le Gros, du regne duquel, ou peu de temps auparavant, il semble que les Armoiries, ce dit-il, commencerent d'être hereditaires aux familles.

Rigord Moine de Saint Denis.

Rigord Historien de Philippes Auguste, raconte qu'à la bataille de Bouvines, qu'il gagna sur Othon III. l'an 1214. la Banniére ou Etendart Roial qui y fut déploié, étoit de bleu celeste, plein de Fleurs de Lis d'or, & qu'on accourut à l'armée pour le voir. *Accurrerunt quanto-*

ciùs ad aciem Regis, ubi videbant
signum Regale vexillum floribus Lilii distinctum, quod ferebat illo die
Gillo de Montigniaco miles fortissi-
mus. Ce qui est confirmé par Guillaume Guiart vieux Poëte François,
& de même siécle, en ces vers:

> Galon de Montigny porta,
> Où la Chronique faux témoigne,
> A Fleur de Lis d'or a ornée,
> Puis le Roi fut cette journée
> A l'endroit du riche Etendart.

Guillaume de Nangis parlant de
l'Etendart de France sur l'année
1130. dit que les Fleurs de Lis à trois
fueilles y étoient representées, c'est-
à-dire, que la figure d'aujourd'huy
est semblable à celle-là: *Consueve-
runt Reges in suis Armis & vexillis
Florem Lilii depictum cum tribus
foliis deportare.*

En la vie de Saint Louis pag. 666.

L'Anneau d'or du Roi S. Louïs,
qui est au Tresor de Saint Denis,
est semé de Fleurs de Lis, garni
d'un grand saphir, sur lequel est
gravée l'image du même Saint avec
ces deux lettres, *S. L.* qui veulent
dire *Sigillum Ludovici*; parce qu'il

*Claude Ma-
lingre en ses
Antiquitez
de Paris l. 4.
ch. 1. où il
traite de
l'Abbaïe de
Saint Denis.*

D iiij

s'en servoit pour sceller ses Ordonnances.

Lib. 3. Annal.

Papire Masson décrivant la victoire que Philippes le Bel remporta sur les Flamans conduits par Guillaume Comte de Juliers, à Monts en Puelle l'an 1304. témoigne qu'il étoit remarquable par les Fleurs de Lis.

Sara Colonne & Guillaume de Nogaret arrêterent Boniface VIII. avec son Trésor. Ioannes Mariana de rebus Hispanicis lib. 15. c. 6. Iean du Tillet. Anagnia est une ville de l'Abruzze.

Dante, ennemi de la France, dit en mépris du même Philippes le Bel, qu'il avoit souïllé les Fleurs de Lis, en faisant arrêter dans Anagnia Boniface VIII. Ce que ce Poëte ne disoit pas tant pour la reverence qu'il portoit au Pontife, que pour la haine qu'il portoit au Roi : & il n'a pû s'empêcher de dire combien ces marques du Roiaume étoient précieuses.

Le port des Fleurs de Lis est encore autorisé par Vincent de Beauvais, par l'ancienne Chronique de l'Abbaïe de Saint Denis, & par Auguste Galand, qui a écrit de l'Etendart de France, & de la Chappe de Saint Denis.

Etienne Perard ancien Maistre

des Comptes de Bourgogne, a été
curieux de remarquer dans l'Histoire qu'il a publiée de cette Province, un chiffre de Clovis avec un
paraphe, dont la figure est empreinte en une Chartre de la fondation
qu'il fit de l'Abbaïe appellée Mou-
tier-Saint-Jean, donnée à Reims
l'an 482. Et encore un autre chiffre
de Clotaire, fils de ce premier Roi
Chrétien, qui paroît en une Chartre donnée à Soiffons l'an 516. pour
confirmer la fondation de cette
Abbaïe.

Mais descendant dans la troisiéme Race de nos Rois, pour trouver
des marques des Fleurs de Lis, il
rapporte trois autres Chartres de
Robert le Pieux, Roi de France,
avec cette inscription, *Robertus Dei
gratia Francorum Rex* : la première
donnée sur la riviére de Meuse, à
l'entreveûë qu'il fit l'an 1006. avec
Henri son fils, qu'il fit couronner
l'an 1027. la seconde à Argilli, &
la troisiéme à Sarmoise. Ces deux
derniéres datées de l'an 1030. contiennent les donations que fit ce
D v

Prince à Geoffroi Evêque de Châlons fur Saone, à l'Abbé de Saint Benigne de Dijon, & à celui de Saint Hipolite, & il y eſt repreſenté juſques à la ceinture, les deux mains élevées, tenant à la droite une Croix, & à la gauche un Globe exaucé d'une croiſette, aiant en tête une Couronne, dont les Fleurons, & ſpecialement celuy du milieu qui eſt plus élevé, ont beaucoup de raport aux Fleurs de Lis.

Ainſi, pluſieurs eſtiment que ce que nous appellons à-preſent des Fleurs de Lis, étoit une eſpece d'ornement d'Architecture. Cela eſt verifié par les deux eſpeces de ces Fleurons, dont l'un eſt ſimple dans l'Ecu d'armes, & l'autre eſt double au Cimier, comme il ſe voit expliqué dans le Ceremonial François, & par Alain Chartier, au ſujet de l'entrée du Roi Charles VII. en la ville de Paris l'an 1437. Car ils décrivent comme Poton de Saintraille portoit le heaume de Sa Majeſté couronné d'une riche Couronne, fermée d'une double

Theodore Godefroy, & M. Godefroy ſon fils, tres-celebres par leurs Ecrits, ont publié le Ceremonial.

Fleur de Lis d'or fort riche, qui est apparente en Cimier pour sa grosseur, & differente de celles qui servent de Blason.

Cette sorte d'Architecture étoit representée anciennement comme nous la voions dans la Couronne du Roi Robert, & qu'on a un peu changée dans la suite, en la voulant rendre plus belle & plus reguliére, ainsi qu'il paroist dans le Sceau suivant, attaché à la Chartre de Robert de France, Duc de Bourgogne, fils de ce Monarque, & frere puisné de Henri I. faite en faveur de l'Abbaïe de Saint Benigne, & donnée au Château de Dijon l'an 1054. Et ce Duc est representé, portant un ancien casque en tête, armé de cuirasse & de brassars, la main gauche appuïée sur un Bouclier nud & sans charge, & tenant à la droite une demi-pique, à laquelle est attaché un Etendart; & à ses pieds il paroît une Fleur de Lis, dont le pied est caché dans le bord du Sceau, & dont le Fleuron a quelque raport

D vj

au bout d'vne Arme, Sceptre, ou Javelot.

Le sçavant M. Justel s'arrête à Louïs VI. dit le Gros, dont il a veû des Fleurs de Lis. Il dit que Louïs le Jeune en son expedition de la Terre-Sainte portoit le Labarum, & deux Banniéres marquées chacune d'une Fleur de Lis : Que Philippe Auguste avoit un Contre-scel où il en paroissoit; Louïs VIII. un Sceau tout semé; Saint Louïs, son Contre-scel marqué comme celny de Philippe Auguste son aieul : Que Philippe le Hardi avoit son Ecu avec dix Fleurs de Lis, 4. 3. 2. & 1. & Philippe le Bel un tout pareil : Que Louïs Hutin, & ses deux freres Philippe le Long & Charles le Bel, & depuis Charles le Sage, ont porté leurs Ecus semez de Fleurs de Lis.

M. de Sainte-Marthe est de même sentiment, que ç'a été du regne de Louïs VII. dit le Jeune, lors des premiéres expeditions de la Terre-Sainte, que l'ornement des Fleurs de Lis a commencé aux

Armes de France, & il est prest de
donner au Public les Preuves de
la première introduction des Fleurs
de Lis, dans un Ouvrage des plus
curieux, où il explique aussi les Armes de Navarre, sur la difficulté
qui se rencontre, si c'est un Escar-
boucle, ou des Sceptres, ou des
Chaînes, ou un Labarum. Mais
ceci n'est pas de nostre sujet.

Jean-Jacques Chifflet est d'avis
que Philippe Auguste a été le premier qui prit des Fleurs de Lis :
*Lilia ut nunc sunt, cœpere à Fran-
cis usurpari tempore Philippi Augusti
Regis.*

Enfin, * Buselin, le Sieur de Valdere, & Garibai, disent en géneral, que les Rois de la troisiéme
Race sont les premiers qui ont porté les Fleurs de Lis, & qu'elles n'ont
point paru avant cette troisiéme
Race.

** Iean Ba-
ptiste de
Valdere en
son Traité
des Ducs &
Duché de
Brabant,
Buselinus
Flandria
Gallicana
lib. 2. c. 11.
Estevan de
Garibai
Historia de
Espagna.*

CHAPITRE XI.

Description de plusieurs anciens Sceaux, qui appuie l'opinion de l'ancienneté des Armes de France.

LEs vieux Sceaux de Hugues Capet, & de Robert son fils, font representez avec des Couronnes fleurdelifées, felon le fentiment de Marc-Antoine Dominici, qui en eft témoin oculaire.

En fon Li- vre intitulé Aſſertor Gallicus, pag. 212. & 252.

M. Juftel le pere, en fon excellent Traité de la Chancelerie de France, fait voir en quel temps il croit que l'ufage des Fleurs de Lis a commencé aux Couronnes & aux Sceaux de nos Rois. Il dit premiérement, qu'il a veû un Sceau de Hugues Capet, où il porte à fa Couronne de hauts Fleurons ; & en un autre trois Fleurs paroiſſent mêlées d'autres Fleurons, que celle du Roi Robert femble être relevée de Fleurs de Lis.

Il étoit faiſi d'un Sceau de Phi-

lippe III. dit le Hardi, où il paroît affis en un Trône aiant une
Couronne étoffée de Fleurs de Lis,
tenant à fa main droite une Fleur
de Lis, & de l'autre un Sceptre
florencé, fa robe bordée & femée
de Fleurs de Lis, & fous fes pieds
un couffin femé de fleurettes comme un parterre.

Il ajoûte que les Fleurs de Lis,
telles qu'on les voit aux Armes de
France, font imitées des Glaieux
ou Iris, *Flores gladioli*, *& lilialis
Iridis*: que quelques-uns font venir
les Fleurs de Lis des Glaieux, fe
fondans fur la Chronique de Nu-
remberg, écrite l'an 1217. non encore imprimée, qui affûre que
Hugues Capet fit faire des Etendars où il y avoit des Fleurs de Lis.
Que les Rois de la premiére & feconde Race n'avoient aucune marque de Fleurs de Lis dans leurs
Sceaux, Monnoies & Enfeignes, &
que leurs Diadêmes étoient faits
comme ceux des Empereurs: Qu'au
temps que les Armoiries ont été
ftables, les Rois ont pris les Fleurs

de Lis , que Hugues Capet avoit
mises dans ses Enseignes. Que le
Roi Philippe I. a commencé d'user
de Contre-sceau : & que Philippe
II. surnommé Auguste, porta une
grande Fleur de Lis à son Contre-
sceau semé de Fleurs de Lis.

Devant Charles VI. quelques
Rois avoient commencé à réduire
les Fleurs de Lis; ce qui se voit dans
un Sceau de Philippe VI. dit de
Valois, de l'an 1335. & on en usoit
indifferemment. Et du temps de
Charles VI. il y a de la monnoie,
où il n'y a que trois Fleurs de Lis.

L'illustre M. de Vion d'Herouval , qui a approfondi avec beaucoup de gloire tout ce que l'Antiquité a de plus sçavant & de plus
beau, assûre avoir veû un Sceau du
Roi Robert II. & un autre de Robert de France, son fils, Duc de
Bourgogne, où il y avoit une espece de Fleur de Lis marquée.

M. le Laboureur, si considérable
par ses Recherches, dit avoir veû
des Sceaux de Philippe I. pere de
Louïs VI. dit le Gros, où l'on voit

un Fleuron ou Fleur de Lis pour
l'enrichissement des Sceptres & des
Couronnes : mais il ne parle point
des Armes.

David Blondel parlant du Regne auquel les symboles de France ont *Genealogia*
commencé, dit que Louïs VII. *Francia*
semble avoir imprimé une Fleur de *plenior as-*
Lis à son Sceau : *Omnium primus* *sertio.*
Ludovicus septimus Scutum Lilio in-
signe Sigillo suo impressisse videtur.

M. du Chesne, ce fameux Anti-
quaire, & M. du Chesne son fils,
disent avoir veû des Sceaux où il
y avoit des Fleurs de Lis avant
Philippe Auguste.

M. du Fresne du Cange, qui a *Dissertation*
observé toute sorte de Couronnes *24. sur*
dans les Monnoies & dans les *l'Histoire*
Sceaux des Rois, résout que ç'a *de Louïs*
toûjours été un Cercle d'or, enri- *IX. ou Saint*
chi de pierreries, & rehaussé de *Louïs, écri-*
Fleurs de Lis, ainsi que portoit Phi- *te par Iean*
lippe le Bel. *Sire de Ioin-*
ville, &
L'Inventaire des meubles du Roi *commentée*
Charles VI. décrit sa Couronne à *par M. du*
neuf fleurons, garnie de pierre- *Cange avec*
ries. *un tres pro-*
fond sça-
voir.

Nous rapporterons aprés M. du Tillet, des Sceaux & Contre-sceaux de plusieurs de nos Rois, qui sont assez curieux, & qui font voir la continuation de l'héredité des Fleurs de Lis. On remarque dans celuy de Philippe Auguste, ce Monarque assis dans un Trône, aiant des Fleurs de Lis à sa Couronne, tenant de sa main droite une Fleur de Lis, qui est soûtenuë d'une petite tige en forme de Sceptre, & de la gauche un Sceptre ou bâton, qui a une enchassure en forme de lozange boutonnée à l'extrémité, dans laquelle est une Fleur de Lis, & pour Contre-scel une Fleur de Lis, dont sort de chaque côté un Trefle avec sa tige. Il mourut à Mante le 14. Juillet 1223. & gist à Saint Denis.

M. Hautin a aussi écrit des Sceaux de nos Rois depuis Philippe Auguste jusques à François I. inclusivement, même de quelques Dauphins de Viennois, Ducs de Bourgogne & de Bretagne, Princes de la Maison de France, & en rapporte plufieurs de ce Roi Augufte, qui porte au premier une Couronne fleuronnée ou fleurdelifée, tient un Sceptre orné d'une Fleur de Lis, & à fes coftez il y en a deux, & le Contre-fcel eft marqué d'une Croix fleurdelifée aux quatre croifillons.

Dans les trois Sceaux fuivans le même Roi eft reprefenté en un Trône avec une Couronne fleurdelifée en chef. Au premier il tient de fa main droite une Fleur de Lis, & de l'autre un Sceptre, à l'extrémité duquel eft enchaffée une Fleur de Lis, avec ces mots : *Philippus Dei gratia Francorum Rex* : & le Contrefcel marqué d'une Fleur de Lis.

Au fecond il eft tout femblable, à la referve qu'il tient un Sceptre de la main droite, & une Fleur de Lis de la main gauche : le Contrefcel eft marqué d'une Croix fleuronnée, accompagné de quatre Fleurs de Lis.

Le troifiéme eft conforme aux précedens, à la réferve qu'aux deux côtez du Trône font deux Fleurs de Lis.

Au dernier de ces Sceaux il y a une Fleur de Lis, & au Contre-scel une Croix florencée ou fleurdelisée.

M. du Tillet.
Dans celuy de Louïs VIII. il est assis en un Trône, sa Couronne rehaussée de Fleurs de Lis, tient de sa droite une Fleur de Lis avec sa tige, & de la gauche un Sceptre, où il y a une Fleur de Lis enchassée dans une lozange boutonnée, & le Contre-scel est semé de Fleurs de Lis.

M. Hautin.
L'on voit un Sceau où ce Monarque paroît assis dans un Trône, comme son prédécesseur, tenant de sa main droite une Fleur de Lis, & de l'autre un Sceptre, auquel est une Fleur de Lis enchassée, & cette inscription autour : *Ludovicus Dei gratia Francorum Rex*: le Contre-scel semé de Fleurs de Lis.

Dans un autre Sceau ce Roi est aussi en un Trône, tient vne Fleur de Lis de la main droite, & une Epée de l'autre: au Contre-scel l'on voit une Croix fleurdelisée, & quatre Fleurs de Lis à l'entour.

Charles Roi de Sicile , Comte *M. du Til-*
d'Anjou, *Carolus secundus Dei gra-* *let.*
tia Rex Jerusalem & Siciliæ , Dux
Apuliæ, Princeps Capuæ, est assis en
un Trône, tenant de sa main droite un Sceptre, au bout duquel il y
a un fleuron , & de la gauche un
Globe surmonté d'une Croix, son
Trône tapissé de bandes, les unes
remplies de Fleurs de Lis , les autres vuides, & le Contre-scel dans
lequel il est representé à cheval
combatant, la housse & les capara-
çons de son cheval semez de Fleurs
de Lis , au lambel : il tient de la
main droite son Epée nuë , & de
la gauche son bouclier aux Armes
de France semées de Fleurs de Lis,
& au lambel de trois pendans, le
casque en tête surmonté d'une
Couronne à hauts fleurons , & au
tour : *Comes Provinciæ & Forcal-*
quierii.

Il se voit un Sceau de S. Louïs,
où il est assis dans un Trône, la
robe bordée de Fleurs de Lis, sa
Couronne fleurdelisée , tenant de
sa droite une maniére de petit Sce-

ptre, avec sa tige, où il paroît quatre feuilles recourbées, deux feüilles en haut, & deux en bas, une
petite Fleur de Lis à la pointe : au
Contre-scel une Fleur de Lis, d'où
sortent deux fleurons, un de chaque côté, entre la feuille droite du
milieu & les deux bords, qui sont
recourbez.

Ibid.
M. Hautin. Le premier Sceau du Regne de
ce grand Roi le represente dans un
Trône comme son pere, & son
aïeul : il tient de la main droite
une Fleur de Lis, & de la gauche
un Sceptre qui a une Fleur de Lis
florencée ou épanouïe à son extrémité, & au Contre-scel une seule
Fleur de Lis.

Un second Sceau le represente
de même assis en un Trône, tenant
d'une main une Fleur de Lis, &
de l'autre un Sceptre, comme cy-
devant, avec cette inscription, *Lu-*
dovicus Dei gratia Francorum Rex :
& le Contre-scel est une Croix
fleurdelisée, avec ces mots : *Chri-*
stus vincit, Christus regnat, Christus
imperat.

Un troisiéme Sceau contient
l'effigie de ce saint Monarque, qui
tient de la main droite un Sceptre
dont la Fleur de Lis est florencée,
& de la gauche un autre Sceptre
plus court, auquel est enchassée une
Fleur de Lis semblable à la premiére, l'effigie entiére accompagnée de deux Fleurs de Lis, & au
Contre-scel une Croix florencée
accompagnée de quatre Trefles
attachez au creux de la Croix.

Du regne de Philippe III. dit le
Hardi, l'on remarque deux Sceaux
de ce Roi assis en un Trône comme ses prédecesseurs, sa robe semée en quelques endroits de Fleurs
de Lis. Au premier il tient de sa
main droite une Fleur de Lis, & de
sa gauche un Sceptre, orné en sa
cime d'une Fleur de Lis florencée,
& à l'entour ces mots sont inscrits,
Philippus Dei gratia Francorum Rex:
le Contre-scel semé de Fleurs de
Lis.

Le second Sceau est semblable
au premier, à la réserve que le Roi
tient de la droite le Sceptre, & de

la gauche la Fleur de Lis, & au Contre-scel il y a des fleurons & des Fleurs de Lis.

Ibid. M. du Tillet. Et il s'en voit un autre de ce Prince, dans lequel il est assis en un Trône, sa robe bordée & semée de Fleurs de Lis, tenant de sa main droite une Fleur de Lis, & de sa gauche un bâton ou Sceptre surmonté d'une Fleur de Lis : le Contre-scel a dix Fleurs de Lis, 4. 3. 2. & 1.

Charles de France, Comte de Valois, paroît dans son Sceau sur un cheval houssé, caparaçonné, & semé de Fleurs de Lis, tient de sa droite une Epée nuë attachée à une chaîne, & de la gauche un Ecu semé de Fleurs de Lis à la bordure, armé de pied en cap; son casque a pour cimier une tête d'homme, à laquelle est attaché un vollet, & cette inscription, *Carolus Regis Franciæ filius, Comes Valesiæ, Andegaviæ:* le Contre-scel est semé de Fleurs de Lis à la bordure.

Celuy de Philippe IV. dit le Bel, se fait voir assis dans un Trône, la Couronne

Couronne fleurdelifée en tête, fa
robe a un bord de Fleurs de Lis;
tient de fa main droite une Fleur
de Lis, & de fa gauche un Sceptre
à une Fleur de Lis à l'extrémité:
au Contre-feel dix Fleurs de Lis,
4. 3. 2. & 1.

L'on voit un Sceau de Louïs Hutin, où il eft dans un Trône, aiant
une robe dont le bord eft de Fleurs
de Lis; fa Couronne rehauffée de
Fleurs de Lis, & porte de fa main
droite un Sceptre fleuronné, & de
fa gauche un bâton ou verge de
Juftice, à l'extrémité de laquelle
eft attachée une main.

Dans celuy de Philippe V. dit le
Long, il eft affis en un Trône ta-
piffé d'une tente femée de Fleurs
de Lis, fa Couronne eft relevée de
fleurons, tient de fa main droite
un Sceptre, auquel il y a cinq fleurons, & de la gauche une verge de
Juftice, où il y a une main à l'extrémité; le Contre-feel eft femé de
Fleurs de Lis.

Le même Roi fe voit dans un
Sceau en un Trône, fous un pa-

Ibid. Ieus
Baptifte
Hautin.

E

villon femé de Fleurs de Lis ; le Contre-fcel aufli femé de Lis.

Il y a un Sceau de Charles IV. dit le Bel , dans lequel il fe voit avec fa Couronne fleurdelifée affis en un Trône, tenant de fa main droite un Sceptre fleuronné, & de fa gauche une verge de Juftice, aiant une main à l'extrémité, avec cette infcription : *Carolus Dei gratia Francorum & Navarra Rex* : le Contre-fcel contient un Ecu femé de Fleurs de Lis.

Sous le regne de Philippe VI. dit de Valois, il y a deux Sceaux : Au premier il eft affis en un Trône, fous un Pavillon femé de Fleurs de Lis, fon Diadème fleurdelifé , avec cette infcription : *Philippus Dei gratia Francorum Rex* : le Contre-fcel femé de Fleurs de Lis.

Ce Prince eft reprefenté dans un autre Sceau, fur un Cheval caparaçonné & femé de Fleurs de Lis, armé d'une lance, fon Contre-fcel marqué d'une Croix fleuronnée , & accompagnée de quatre

Ecuſſons, qui contiennent chacun trois Fleurs de Lis.

Il s'en voit un autre, dans lequel ce Monarque eſt dans un Trône tapiſſé & ſemé de Fleurs de Lis, ſa Couronne rehauſſée de fleurons & de Treffles, portant à ſa main droite un Sceptre à cinq fleurons à l'extrémité, & de la gauche la verge de Juſtice, à laquelle eſt attachée une main : le Contreſcel ſemé de Fleurs de Lis, & cinq Fleurs de Lis au pied nourri, à l'entour, 1. 2. & 2.

M. du Tillet.

M. du Cange rapporte un autre Sceau du même Roi, qui eſt en un Compte de l'an 1333. rendu pour les réparations du Château de Beaune, lequel ne contient que trois Fleurs de Lis.

Le Sceau du Roi Jean le fait voir dans un Trône, ſa Couronne rehauſſée de Fleurs de Lis, ſa robe aiant un bord auſſi ſemé de Fleurs de Lis, tient de ſa droite un Sceptre, qui a cinq fueïlles à ſon extrémité : le Contre-ſcel ſemé de Fleurs de Lis.

E ij

Dans le Sceau de Charles V. il paroît en un Trône avec une Couronne à Fleurs de Lis, entremêlées de Treffles, sa robe a un bord semé de Fleurs de Lis, tient de sa main droite un Sceptre qui se termine par cinq fleurons, & de la gauche une main de Justice attachée à la verge; le Contre-scel semé de Fleurs de Lis, & des deux côtez du Trône il y a un Sceptre à droit avec cinq Fleurs de Lis, & à gauche une verge de Justice, à laquelle est attachée une main.

Ibid.
M. Hautin. Ce Roi est representé dans un autre Sceau sur un Cheval houssé & semé de Fleurs de Lis, tenant à droit son Ecu, aussi semé de Fleurs de Lis, & à gauche une Epée : le Contre-scel marqué d'une Croix fleuronnée, accompagnée de quatre Fleurs de Lis.

Ibid. M. du
Tillet. Le Sceau de Charles VI. le fait voir assis dans un Trône, sa Couronne aiant des Fleurs de Lis, tenant de sa main droite un Sceptre à cinq fleurons, & de sa gauche la verge de Justice, la main à

l'extrémité, & des deux côtez du
Trône deux Fleurs de Lis, l'une à
droit, & l'autre à gauche : au
Contre-ſcel, trois Fleurs de Lis
qu'un Ange tient, dont la tête eſt
courbée, & qui tient à gauche
une verge de Juſtice, qui a une
main à l'extrémité.

Jodocus Coccius montant bien
haut dans les ſiécles précedens,
fait mention d'une Chartre de
Theodoric, ſcellée d'un ſcel, ſe-
mé de Fleurs de Lis, qui contient *Fol. 12.*
cette inſcription : *Theodoricus Dei*
gratia Francorum Rex.

Il y a une Chartre de Dagobert, *Pag. 28. &*
raportée par Pierre de Miraumont, *29. de la*
& par Jean Ferrant, dont le Sceau *Chanceli*
eſt plein de Fleurs de Lis : *Hac* *de France.*
Charta ſex Sigillis roborata, uno au- *pro Liliis.*
reo, quinque cereis: primum, quod &
aureum, Dagoberti eſt, habens inſculp-
tum Scutum plenum Liliis, 23. &c.

Les Chartres données par Da- *Francisci*
gobert, & par Sigiſbert ſon fils, *de Roſieröe*
en faveur de Modoal Archevèque *Stemmata*
de Tréves & de Révolde Abbé de *Lotharing &*
Meteboch, & celle de Charles le *& Barri*
Ducum.

B iij

Simple pour Roger Archevêque de Treves, avoient des Cachets semez de Fleurs de Lis, au dire de François de Rosiéres.

En d'autres Chartres de Pepin, Charlemagne, Louïs le Debonnaire, Lothaire I. Charles le Chauve, Arnoul, &c. données en faveur d'Utowerorde, Vocuan, Hetus & Ratbode Archevêques de Tréves, rapportées par de Rosiéres, les Cachets sont semez de Fleurs de Lis, & quelques-uns de l'Aigle double.

La Chartre de Charlemagne, par laquelle il a fondé l'Abbaïe de Savigni au Lyonnois la huitiéme année de son Regne, est scellée d'un Scel pendant d'un cordon de soie bleuë entrelassée d'or, representant l'effigie de ce Prince, dont le manteau est semé de Fleurs de Lis: *Clamyde Liliorum flosculis distincta circumamictam*, ainsi que le décrit M. Ferrant, contre lequel ceux qui s'opposent à l'ancien Blason des Fleurs de Lis, ont écrit avec beaucoup de chaleur.

Voilà les plus anciens Sceaux qui
se voient, où il y ait des Fleurs de
Lis; & nous ne parlerons point de
ceux des Regnes suivans : mais
nous rapporterons dans le Chapitre qui suit, des Medailles & des
Monnoies, qui prouvent encore
l'antiquité de ces symboles.

CHAPITRE XII.

*De plusieurs anciennes Medailles,
Monnoies, Drapeaux, ausquels
les Fleurs de Lis sont imprimées.*

LEs Medailles & les Monnoies
ont toûjours été en si grande
consideration, que bien souvent on
s'en est servi pour éclaircir l'obs-
curité de l'Histoire, & pour en
faire voir la verité. C'est ce qui
nous porte à en representer plusieurs, où se voient les Fleurs de
Lis; & nous commencerons par
des Medailles d'Empereurs, dont
Jean Gorop Becan a fait la des- *En son Li-*
cription. L'une est de Cornelius *vre imprimé à Anvers.*

E iiij

Saloninus Valerianus, en laquelle se voit la Déeffe Efperance, tenant à fa main une Fleur de Lis attachée à un Sceptre, laquelle montre un Soleil, fymbole de la Divinité, avec ces mots, *Spes publica*. Auffi Vopifcus nous apprend que l'Empereur Aurelian dédia un Temple à ce grand Luminaire: *Roma Soli Templum pofuit, majore honorificentia confecravit.*

Le même Auteur Becan nous repréfente une autre Medaille de l'Empereur Claude, portant une Fleur de Lis à la main, attachée à un Sceptre, avec cette infcription pour ame de la devife: *Spes augufta*. Il en rapporte une autre de l'Empereur Alexandre Severe, tenant un Sceptre furmonté d'une Fleur de Lis, & la Déeffe Efperance, qui tient une tige de Lis, & ces mots, *Spes publica*. Il en fait encore voir quatre autres femblables de Lucius Ælius, de Trajan & d'Adrian, avec les mêmes paroles: *Spes augufta*.

Hoëpingue dit au fujet des Me-

Flavius Vopifcus Syracufi. de Imperatore Aureliano.

Theodori Hoepingi

dailles des Empereurs Alexandre *tractatu de* Pie, Æmilian, Claude, Tibere, *insignibus.* Alexandre Severe, Diadumene, & Adrian, & du symbole de la Fleur de Lis, qu'elle a trois fueïlles; l'une s'éleve en haut, & deux s'a-baissent au côtez : *Dextra præten-dentes Florem Lilii cum tribus fo-liis, unum sursum assurgens, & duo à lateribus, ab erecto utrinque de-clinantia.*

Louvain Geliot, Jean Baptiste Tristan, & Charles Segoing, pro-duisent d'autres Medailles de Phi-lippe Æmilian, d'Alexandre Pie, de Titus Claudius, & d'Adrian, Empereurs Romains, avec ces in-scriptions : *Spes augusta, Spes pu-blica,* qui se rapportent à la Déesse Esperance, qui tient un Sceptre exhaussé d'une Fleur de Lis. Et les Ducs de Bourbon créans un Or-dre de Chevalerie, prirent pour devise ce mot, E S P E R A N C E, sur l'allusion de leurs Fleurs de Lis.

Pour verifier que la Fleur de Lis a toûjours servi d'un grand orne-ment, Herodote assûre que les *Herodot: lib.i.cap.i65.*

E v.

Assyriens portoient un anneau signatoire & un Sceptre artistement travaillé, au bout duquel il y avoit une Fleur de Lis, ou quelqu'autre chose, comme une Pomme, ou une Rose, ou un Aigle, & que c'étoit infamie de porter un Sceptre sans aucun symbole : *Annulum signatorium singuli gestant, & Sceptrum affabrè factum cui superstat aut Malum, aut Rosa, aut Lilium, aut Aquila, aut aliud quidpiam : nam absque insigni gestare Sceptrum ipsis nefas est.*

Nicolas Zillesius affirme aussi que plusieurs anciens Empereurs ayant leur Siége en Allemagne, ont porté des Sceptres embellis de Fleurs de Lis, comme il se voit en l'Abbaïe de Saint Maximin à Trèves : & celuy de Charlemagne, prédecesseur de plusieurs de ces Empereurs, gardé à l'Abbaïe de Saint Denis en France, a une Fleur de Lis à sa cime, selon que l'a publié Ferrancus.

Pol. 26.

Strab. lib.
26. Geogr.

Strabon dit la même chose qu'Herodote des Sceaux & des

bâtons de commandement des Babyloniens, qui étoient ornez en leur partie superieure de Fleurs de Lis, ou d'autres Symboles : *Geſtant etiam Sigillum & Scipionem, non frugalem, ſed inſignem in ſuperiori parte Malo, vel Roſa, vel Lilio, vel aliqua ejuſmodi parte ornatum.*

Un ancien Auteur juſtifie par la rare piéce de monnoie de Coſroës, que ce Monarque Perſan y avoit empreint une Fleur de Lis épanouïe au haut du Sceptre, qui déſignoit l'Eſperance, cette Fleur aiant été repreſentée pour le même ſujet, dit Samoiſe, par les *Claudius Zamoſius c. 12. p. 43.* Troyens ſur leurs monnoies : *Lilium in Trojanis nummis, ſpei ſignum.* Auſſi, étant toûjours riante, elle en eſt juſtement le ſymbole, comme l'explique Petrone en ſon Satyricon :

Albáque de viridi riſerunt Lilia prato.

Saint Bernard écrivant ſur les *Bernardus ſer. 70. ſuper Cant. Cantic.* Cantiques, releve ſaintement la Fleur de Lis ; & aprés l'avoir comparée à toutes les vertus, conclut

enfin , qu'elle a l'odeur de l'esperance : *Habens odorem spei.*

Typotius impreff. 1. num. 19.

Typotius allegue une Medaille de Chilperic , marquée de trois Fleurs de Lis.

Iaques de Bié en la France metallique. fol. 3. n. 9.

Jacques de Bié Flamand repre-
sente une autre Medaille du même Roi Chilperic , contenant d'un côté son effigie ceinte d'une Couronne fleurdelisée , avec cette in-
scription , *Chilpericus Francia Rex :* & au revers sont representez trois Monarques qui s'entredonnent la main l'un à l'autre.

Guillaume Catel . par-tie 3. des Eloges des Comtes de Tolose.

Vindiciæ pro Liliis Ioan-nis Ferran-di.

Antoine Noguier luy attribuë un autre bla-son en son Hiftoire de Tolose.

Pour les drapeaux & habille-
mens , Guillaume Catel raporte avec Jean Ferrant, que Charlemagne, lors qu'il créa Turcin premier Comte de Tolose , luy avoit don-
né un Ecu semé de Fleurs de Lis, qui se voit encore en un Tableau tres-ancien , *in veterrima Tabella,* où ils sont tous deux representez, Turcin armé de pied en cap , age-
nouillé , tenant à deux mains un Drapeau, & Charles couvert d'u-
ne cotte d'armes marquée de Fleurs de Lis : *Paladumento Liliis diftinfto amiftum.*

Aribert de Nifmes, qui vivoit *Fol. 28.*
fous Louïs le Debonnaire, écrit en
fon Hiftoire de Languedoc, que
Charles Martel & Charlemagne
ont emporté autant de victoires
fur les Sarazins, que l'on voit de
Fleurs de Lis en leurs Armes.

M. Hautin rapporte des Monnoies du regne de Philippe Augufte, qui font des Tournois marquez
d'une Fleur de Lis, tantoft florencée entre les papillotes, tantoft
toute fimple, ainfi qu'on la reprefente ordinairement; & au revers,
une Croix patée fleurdelifée, quelquefois aux quatre extrémitez, &
quelquefois feulement patée au
Croiffillon de la pointe avec cette infcription: *Philippus Francorum
Rex.*

La Monnoie du Roy Louïs VIII.
contient une Croix fleurdelifée, &
d. fon revers un Agneau fuportant
une Croix, accompagnée d'un
Guidon; ce qu'on appelle d'ordinaire Agneau Pafcal, & au deffous ces mots font infcrits: *Ludovicus Rex.*

Il s'en voit une du Roy Saint Louïs appellée Réale, où paroist une Couronne fleurdelisée & perlée avec ces mots : *Regalis aureus*, & au revers une Croix florencée, au milieu une Couronne d'épines, sur l'allusion de celle de la Passion de nostre Seigneur JESUS-CHRIST, & accompagnée de quatre Fleurs de Lis.

Une autre Monnoie qui est de Blanche de Castille mere de ce grand Roy, est marquée de l'effigie de cette Princesse, sa teste ceinte d'une Couronne rehaussée de Fleurs de Lis; elle tient de sa main droite un Sceptre & de l'autre une Couronne, accompagnée de deux Fleurs de Lis, avec cette legende au tour : *Blancha Ludovici Francorum Regis mater*, & au revers une Croix parée, au milieu une Couronne d'épines & quatre Fleurs de Lis à l'entour.

La Monnoie du Roy Philippe dit le Hardi est empreinte d'une Croix tresflée & fleuronnée aux extrémitez, & accompagnée de quatre Fleurs de Lis, avec un *A-gnus Dei* au deffous, & plus bas encore *Philippus*.

Le Roy Philippe le Bel paroift dans fa Monnoie tenant un Sceptre qui a une Fleur de Lis à l'extrémité, & au revers une Croix fleuronnée, accompagnée de quatre Fleurs de Lis, & les autres Monnoies font de mefme fabrique.

Celle du Roy Charles IV. dit le Bel, eft marquée d'une Couronne fleurdelifée, accompagnée de trois Fleurs de Lis, & au revers une Croix fans Fleurons.

Une des Monnoies du Roy Philippe VI. dit de Valois, eft femblable d'un côté & de l'autre, étant marquée d'une Fleur de Lis; mais la Croix du revers a quelque difference. Il y en a encore qui au revers ont une Croix fleurdelifée, & de l'autre une Croix parée, accompagnée d'une feule Fleur de Lis à gauche vers le chef.

La Monnoie du Roy Jean fe voit diverfement fabriquée : la premiére eft un Ecu femé de Fleurs de

Lis, ayant une Croix patée au revers accompagnée de quatre Fleurs de Lis.

En la seconde, il n'y a qu'une Fleur de Lis, & au revers une Croix patée accompagnée de quatre Fleurs de Lis.

La troisiéme est semée de Fleurs de Lis comme la premiére, & de l'autre côté est une Croix patée, accompagnée de quatre Couronnes fleurdelisées.

Sous le regne de Charles VI. ses Monnoies étoient marquées diversement, les unes de trois Fleurs de Lis, & au revers d'une Croix patée, accompagnée de quatre Fleurs de Lis.

En d'autres il y a deux Fleurs de Lis, & au revers une Croix patée comme la précedente.

Une troisiéme sorte de Monnoie a trois Fleurs de Lis, & au revers une Croix patée, accompagnée de deux Fleurs de Lis vers le chef.

En une quatriéme sorte de Monnoie il y a trois Fleurs de Lis dans l'Ecu surmonté d'un Casque cou-

ronné, & au deſſus une Fleur de
Lis pour cimier, & pour inſcription: *Carolus Dei gratia Francorum Rex*, & au revers la Croix patée, accompagnée de deux Fleurs
de Lis.

Durant l'invaſion de Henri V.
Roy d'Angleterre, ſa Monnoie
étoit d'un côté à l'Ecu de France
à trois Fleurs de Lis, & de l'autre
côté un Ecu écartelé au 1. & 4.
de France, auſſi à trois Fleurs de
Lis, au 2. & 3. d'Angleterre à trois
Leopards.

En ce temps-là du regne du Roy
Charles VI. il y a eû de la Monnoie de Charles Dauphin de Viennois depuis Charles VII. marquée d'une Fleur de Lis & d'un
Dauphin.

Pour plus grande preuve nous
raporterons encore icy des Monnoies d'or de France, qui ont été
curieuſement amaſſées par M. du
Cange, & par feu M. de Peireſc,
ſelon les Inſtructions de Henri
Poullain Géneral des Monnoies,
tirées des vieux Regiſtres de la

Cour des Monnoies, & de ceux de la Chambre des Comptes, & nous en ferons la defcription par la date des Regnes.

L'an 1306 L'on fabriqua des Royaux fous Philippes le Bel, lequel y paroîſt féant fur un Trône à reſtes de Lions entre deux Fleurs de Lis, & l'infcription de Philippes, & au revers une Croix entre quatre Fleurs de Lis, & ces mots : *Chriſtus vincit, &c.*

1315. Sous Louïs Hutin fut forgé le Denier d'or appellé à l'Agnel avec cette infcription : *Ludovicus Rex,* fous l'Agneau.

1319. Le même Denier à l'Agnel eût
1323. cours fous Philippes le Long & fous
1325. Charles le Bel : Ce Monarque y eſt reprefenté debout dans un portail, avec l'infcription : *Karolus Rex Francorum ;* & au revers une Croix dans une Fleur de Lis, qu'on appelloit quatre Compas : d'autres nomment cette efpece de Monnoie des Longs Veſtus.

1329. Il y a une Monnoie appellée Pa-
1330. rifis d'Or, où le Roi Philippe

dé Valois étoit féant dans une 1331;
chaire à tabernacle & deux Lions. 1336.
fous fes pieds. 1339.

Aux Deniers d'or fin à l'Ecu, 1338.
le Roi Philippe eft féant en fa chaire, tient un Ecu femé de Fleurs
de Lis à fa main gauche, & fon
Epée à la droite.

De fon regne eurent auffi cours 1339.
les Deniers d'or fin au Lion, où ce
Roy eft féant dans une chaire à
tabernacle avec un Lion couché
fous fes pieds.

Dans les Deniers d'or fin au pa- 1339.
villon, le même Monarque eft
affis fous un pavillon fleurdelifé ou
tout femé de Fleurs de Lis.

· Il y avoit auffi des Deniers d'or 1339.
fin avec une grande Couronne dans 1340.
un champ fleurdelifé, comme les
Couronnats de Provence.

· Aux Deniers d'or fin appellez 1340.
Roiaux, le Roi tenant deux Sceptres
eft affis dans une chaire qui femble
eftre de maçonnerie.

Il paroift aux Deniers d'or fin à 1340.
l'Ange, un Ange couronné veftu 1341.
de long, foulant un Dragon fous 1342.

1343. ses pieds avec une Croix semée de Fleurs de Lis , tenant l'Ecu de France , où il n'y a que trois Fleurs de Lis seulement ; cette Monnoie est nommée des Premiers Anges, à la différence de la Monnoie des Seconds & des Troisiémes Anges.

1346.
1347. L'on voit des Deniers d'or à la Chaire , où le Roy est séant dans une chaire tenant le long Sceptre, & la Main de Justice.

1358.
1359. Le Compte d'Estienne de la Fontaine Argentier du Roi Jean au commencement de son regne l'an 1350. fait mention de sa Monnoie d'Or fin , & comme il y est debout dans un tabernacle en forme de piniale, qui se forme sur la poitrine tenant un Sceptre à sa dextre, lequel il montre avec le doigt de

1360.
1363.
1364. sa gauche , & ajoûte que le Roi dans les Francs d'Or fin est armé , monté sur un cheval bardé & fleurdelisé.

1364.
1365. Sous le Roi Charles V. les Roiaux d'or fin ont la figure d'un Prince armé dans un tabernacle, tenant l'Epée & le Sceptre avec le

Champ fleurdelisé aux deux côtez du tabernacle. Les Francs d'or fin sont de même coin & poids que les précedens, excepté le nom de *Karolus*, au lieu de *Johannes*.

Les Deniers d'or fin aux Fleurs de Lis de même coin & poids que les Roiaux, sont appellez simple- 1371. ment Fleurs de Lis d'or, au Compte des Aides & Impositions pour la delivrance du Roi Jean de l'an 1366. *folio* 32. *verso*.   1365. 3368.

Dans l'Ecu d'or, le Roi est debout revêtu de son Manteau Roial, avec la bordure de Fleurs de Lis sans nombre, tenant de la main droite un Sceptre fleurdelisé, & de l'autre la main de Justice dans un champ fleurdelisé, & à l'entour, *Karolus Dei gratia Francorum Rex*: au revers, quatre Compas avec une Croix fleuretée, accompagnée de quatre Fleurs de Lis, & de quatre Couronnes dans les coins des quatre Compas, avec l'inscription, *Christus vincit, &c.*

Sous Charles VI. les deniers d'or fin, appellez Ecus à la Couronne,   1384. 386.

1387. qui font ceux que nous appellons vieux Ecus, font couronnez à trois Fleurs de Lis, avec une Croix de damafquineure.

1391.
1392. Moutons aufquels eft écrit, *Ka-rolus Francorum Rex*, & la devife comme cy-deffus.

1394.
1411.
1415.
1417.
1418.
1419. Ecus heaumez, fimples & doubles, qui ont le heaume couronné & timbré d'une groffe Fleur de Lis. Cette figure inftruit ceux qui ignorant les regles des Armoiries, placent la Couronne fous le heaume, & non deffus, ce qui eft ridicule; puifque le heaume reprefente la tête qui eft couronnée, & non pas le col.

1418.
1419. Les vieux Ecus à la Couronne font femblables, excepté qu'au centre de la Croix il y a une molette.

1421.
1422. Les Saluts aux Armes de France font à trois Fleurs de Lis couronnées entre l'Ange & la Vierge; car c'eft une Annonciation; & fous le roulleau eft écrit, *Ave*, &c. avec des Raïons fortans d'un Ciel : au revers il y a une Croix plate entre deux Fleurs de Lis.

Du temps que Henri VI. Roi 1422.
d'Angleterre occupoit plusieurs 1423.
Estats en France, l'on forgea des
Saluts aux Armes de France &
d'Angleterre, qui avoient la Vierge, & un Ange derriére les deux
Ecus avec des Raïons, & le roulleau entre deux *Ave* : au revers,
une Croix accompagnée d'une
Fleur de Lis à droit, & d'un Léopard à gauche.

Les Angelots, qui font les deux
tiers des Saluts, ont un Ange qui
tient les deux Ecus de France &
d'Angleterre : au revers, une Croix
entre la Fleur de Lis & le Léopard.

Le Roi Charles VII. est repre- 1429.
senté dans ses Monnoies emmantelé en champ semé de Fleurs de
Lis, tenant de la main droite une
verge, & de la gauche un Sceptre.

Les Réaux d'or de ce regne font
semblables aux précedens, & femez de Fleurs de Lis, excepté qu'il
y a une petite Croix.

Les Deniers d'or fin, appellez 1435.
Ecus à la Couronne, ont deux 1436.

Fleurs de Lis couronnées des deux côtez de l'Ecu.

1472.
1478.
Les Ecus de Louïs XI. ont deux Fleurs de Lis aux côtez ; & ceux nommez au Soleil, ont un Soleil sur la Couronne, rehauſſée de fleurons.

1488.
Charles VIII. avoit ſes Ecus tout ſemblables ; & il y avoit alors des Monnoies de France & de Dauphiné, c'eſt-à-dire, aux Armes de l'un & de l'autre.

Et Louïs XII. avoit ſes Ecus entre deux Porcs-Epics ; & au revers, la Croix terminée d'hermines, à cauſe du Duché de Bretagne.

Nous finirons ce Chapitre par la deſcription de la monnoie de Philippe, dit le Bon, Duc de Bourgogne, à laquelle le quartier de France étoit marqué ; tantoſt à trois Fleurs de Lis, tantoſt ſemé des mêmes fleurs, à la bordure componnée avec les quartiers de Bourgogne, de Brabant & de Limbourg en écartelure, & ſur le tout de Flandres.

CHA-

CHAPITRE XIII.

Des Effigies ou Statuës, & des Tombeaux anciens de nos Rois, où sont marquées les Fleurs de Lis.

IL se voit au principal Portail de l'Eglise Cathedrale Nostre-Dame de Paris, & aux deux autres Portaux des ailes de cette Eglise, vingt-huit Effigies de nos Rois élevez en bosse, qui commencent à Childebert pour la premiére lignée ; à Pepin le Bref, pour la seconde ; à Eudes, pour la troisiéme, & qui finissent à Philippe Auguste. Ils portent des Sceptres qui ont des Fleurs de Lis à l'extrémité ; & le même Roi Philippe Auguste est representé dans cette Eglise avec un Sceptre Roial décoré de Fleurs de Lis.

Antiquitez de Paris de Claude Malingre. Iean Battiste Tristan. Iacques du Brueil.

Au Portail de l'Abbaïe de Saint Germain des Prez, il y a huit Statuës de cinq Rois, qu'on croit être de Childebert I. fils de Clovis I.

F

de Clotaire I. Chilperic I. Clotaire II. & Dagobert ; de la Reine woltrogote femme de Childebert I. de Bertrade femme de Clotaire I I. & d'un Abbé , qui peut être Morard Réstaurateur de cette Abbaïe, lequel mourut l'an 1014.

Le premier de ces Rois a sa Couronne étoffée de Fleurs de Lis ou fleurons & de Perles , tient de la main droite un Sceptre , & de la gauche suporte la represen-tation d'une Eglise , comme Fondateur : aussi l'on croit que c'est Childebert. Les quatre autres ont des Couronnes semblables : deux de ces Princes portent des Sceptres fleuronnez ; sur l'un de ces fleurons ou Fleurs de Lis, est un Aigle recourbé aiant les deux ailes étenduës : & le sieur Malingre y ajoûte la figure d'un Enfant, qui ne paroît plus , & dit que ce Sceptre estoit de Dagobert I. Les deux Reines ont des Couronnes semblables à celles des Rois, à la difference qu'à l'une il y a des Grenades à l'entour du Cercle & des Fleurs de

En ses Antiquitez de Paris.

Lis , & une de ces Princesses porte un Sceptre fleuronné.

Au Portail de l'Eglise Collegiale de Saint Germain l'Auxerrois à Paris , est la Statuë du Roi Childebert, & celle de la Reine Woltrogote, ses Fondateurs, sous le titre de Saint Vincent martyr, leurs Couronnes rehaussées de fleurons, & ce Prince tient un Sceptre exhaussé d'une Fleur de Lis : au dessus est un Tableau qui contient ces termes en lettres Gotiques : *C'est Childebert, 2. Roi de France Chrétien, & VVoltrogote sa femme, qui fonderent cette Eglise.*

On voit aussi au Convent des Cordeliers , fondé de la Madelaine , l'Image de Saint Louïs leur Fondateur , aiant sa Couronne étoffée de fleurons, tenant un Sceptre orné d'une Fleur de Lis.

La même representation de Saint Louïs se voit à l'Hôpital des Quinze-Vingts Aveugles , dit de Saint Remi : à sa droite est celle de Marguerite de Provence son épouse , & à sa gauche celle de

F ij

Philippe le Hardi leur fils, comme l'on présume : leurs Couronnes embellies de Fleurs de Lis, le fleuron du milieu plus élevé que les autres.

Cette figure se remarque aux Couronnes des Statuës de Philippe le Long, & de Jeanne de Bourgogne son épouse, au Portail des Carmes à Paris, auxquels cette Princesse legua par son Testament sa Couronne d'or, que Malingre dit estre garnie de soixante balets, de soixante-dix émeraudes, trente diamans, cent quinze perles, quinze estellins, avec la Fleur de Lis d'or qu'elle receût le jour de son Couronnement, sa Ceinture, & toute son Orfévrerie.

Claude Malingre en ses Antiquitez de Paris.

Aux Augustins de la même Ville est la figure de Charles V. tenant une Eglise, sa Couronne fleurdelisée. Il est ainsi couronné au Portail & aux vîtres du Chœur de l'Eglise des Celestins, qu'il a fondez avec Jeanne de Bourbon son épouse, l'un & l'autre en habillement bleu : les Armes de France qui se

La première fondation des Celestins fut faite aprés que les Carmes appellez Barrez, furent transferez à la Place Maubert.

voient à l'aile droite, sont semées de Fleurs de Lis.

Les Fondateurs du College de Daimville à Paris, situé entre les deux ruës de Saint Cosme & de la Harpe, ont fait ériger à son frontispice les Effigies du Roi Charles V. leur Maistre, & du Roi Jean son pere, où il'paroît des Fleurs de Lis en leurs Couronnes, les unes entiéres, les autres en vestige.

Histoire de Claude Malingre.

Michel de Daimville Chanoine & Archidiacre de Noyon, fonda l'an 1380. le College de son nom, en execution des Testamens

de ses oncles, Girard de Daimville successivement Evéque de Teroüenne, d'Arras & de Cambray, & Iean de Daimville Seigneur de Buyéres, Maistre d'Hostel ordinaire du Roi Charles V. Le méme en ses Antiq.

M. du Tillet, grand Observateur des Couronnes, Sceptres & ornemens Roiaux, dont il a representé des Figures en ses Memoires pris sur des originaux, dit qu'il est tres-certain que les Couronnes des Rois de France furent autrefois rehaussées de Fleurs de Lis, ainsi qu'on les voit aux Portraits de Henri, dit le Fauconnier ou Loiseleur, Roi de Germanie, l'an 920.

M. de Mezeray a fait graver les Effigies de nos Rois en son grand Ouvrage de l'Histoire de France, à quoy l'on peut avoir recours.

F iij

Cét Auteur parle de vingt-deux
Effigies de Rois, & de celle d'une
Reine. La première est du Roi
Clovis, qui mourut l'an 514.& son
Tombeau se voit réparé au milieu
du Chœur de l'Abbaie Sainte Geneviéve du Mont à Paris, qu'il
avoit fondée sous le titre de Saint
Pierre & de Saint Paul. Sa Statuë a
une Couronne treflée, dont il y a
quelque fleuron rompu, & tient
un Sceptre orné d'une Fleur de Lis
à cinq feüilles, celle du milieu
plus élevée. Il est de marbre blanc,
soûtenu d'un pied destal moderne
avec cette nouvelle inscription :
Clodoveo magno Regum Francorum
primo Christiano hujus Basilicæ fun-
datori, Abbas & Conventus sepul-
crum vulgare olim lapide structum,
& longo ævo deformatum, in melius
opere & cultu & forma renova-
runt.

De Gestis
Francorum.
Nous dirons ici aprés Paul
Emile, que ce Monarque s'étant
fait Chrétien, l'Empereur Anastase
lui fit present d'une Couronne toute enrichie de Pierres précieuses &

de Perles, que le même Roi envoia à Rome le quinziéme de son Regne : *Coronam*, dit-il, *eandem gemmis margaritísque distinctam Rex ad Templum Lateranense misit.*

La seconde Effigie est de Childebert I. qui mourut l'an 562. & est représenté en Taille-Douce par Jacques du Brueïl en ses Antiquitez de l'Abbaïe Saint Germain des Prez, qu'il avoit fondée sous le titre de Saint Vincent, avec Woltrogothe son épouse. Il a en teste sa Couronne ornée de Fleurons & de Perles, tient de sa main droite un Sceptre embelli à son extrémité d'une Fleur de Lis entr'ouverte, & de la gauche soûtient une Eglise, comme Fondateur de ce Monastere, avec cette inscription au tour du Monument : *Childebertus secundus filius Clodovei ;* & contre un Pilier est peinte la Statuë de Woltrogothe Reine de France en habillement Roial.

D. Iacq. du Brueïl en ses Antiquitez de Paris.

La troisiéme est de Clotaire I. Sa Couronne est rehaussée de Perles, tient un Sceptre fleuronné, sa

F iiij

Robe femée de Croiſſans à droit, & de Molettes à gauche. Il mourut l'an 562. & giſt à Saint Medard de Soiſſons.

La quatriéme eſt de Sigebert Roi d'Auſtraſie, qui a ſa Couronne ornée de Perles & une Fleur de Lis au bout de ſon Sceptre , qu'il tient de la main droite , ſa Robe femée de Molettes. Il mourut l'an 596. & giſt prés de Clotaire ſon pere.

Lib. 3. Annal.

Papire Maſſon dit qu'on a veû en l'Abbaïe Saint Medard de Soiſſons, les Tuniques des Statuës de Clotaire & de Sigebert femées de Fleurs de Lis, & que les Sceptres de ces deux Rois étoient decorez chacun d'une Fleur de Lis, l'une entiére, & l'autre moitié épanouïe, reſtes de la ruïne de Saint Medard de Soiſſons. André Favin rapporte auſſi que Clotaire avoit ſes fouliers femez de Fleurs de Lis , & que la Tunique de Sigebert étoit ornée de même.

Claude Malingre fait Chilperic

La 5. & la 6. ſont de Chilperic I. Roi de France & de Soiſſons, fils

de Childebert, qui mourut l'an 584.
& de Fredegonde sa femme, qui
décéda l'an 601. Ils ont des Couronnes à Fleurons mêlez de perles,
tiennent chacun un Sceptre auquel
est enchassé une Fleur de Lis, sont
enterrez à Saint Germain des Prez,
avec ces mots gravez dans les Antiquitez de Paris : A la memoire de
Chilperic, *Rex Chilpericus hoc te-
gitur lapide.*

*fils de Clo-
taire, &
neveu de
Childebert.*

*D. Iacques
du Bruesl.*

La 7. est de Dagobert pere de
Chilperic, qui mourut l'an 644. Sa
Couronne & son Sceptre sont fleuronnez, gist à l'Abbaïe de Saint
Denis en France qu'il avoit fondée. Jean Tristan d'Authon, qui a
recherché avec exactitude des preuves certaines de l'ancienneté des
Fleurs de Lis, comme devise de
nos Rois, parle du Tombeau de
ce Prince qui est de marbre noir,
qu'il dit avoir été rétabli par l'Abbé Sugger, & qu'il paroît à la
clôture de ce Monument trente-
deux Fleurs de Lis.

La 8. est de Clovis, second fils de
Dagobert, qui a des Fleurs de Lis à

F v

sa Couronne : celle du milieu plus élevée, tient de la main droite un Sceptre fleuronné, sa robe est semée de Roses, est qualifié *Rex Neustriæ aut Franciæ Occidentalis*, mourut l'an 660. & est à Saint Denis.

La 9. est de Clotaire III. qui mourut l'an 664. est enseveli à Saint Denis, porte sa Couronne fleuronnée, & tient un Sceptre de la main droite, qui est aussi fleuronné.

La 10. est de Chilperic II. mort l'an 667. & enterré à Saint Germain des Prez : sa Couronne est fleuronnée & perlée, & son Sceptre pareillement fleuronné.

L'onziéme est de Dagobert II. qui mourut l'an 715. sa Couronne est enrichie de hauts & de bas fleurons, & porte à sa main droite un Sceptre fleuronné.

La 12. est de Carloman, dont la Couronne est relevée de hauts & de bas fleurons entremeslez, le Sceptre qu'il tient de la main droite est fleuronné.

Christophle Browerus dans ses Lib. 2. cap. Antiquitez de l'Abbaïe de Fulde, 15. in Antiq. nous fait voir les Images de Car- Fuld. loman & de Pepin, tenant chacun un Sceptre qui se termine par une Fleur de Lis , dont il nous rend cét illustre témoignage: *Sed quod manu tenent diligentius velim Sceptrum liligerum adspicies.*

La 13. est de Charlemagne en la seconde Race : sa Couronne est fleuronnée, tient un Sceptre de la main droite, & de l'autre aussi un Sceptre surmonté d'une Croix ; sa robe est semée de Fleurs de Lis & doublée d'hermines.

Le Diadême d'or de cét Empe- Eginardus reur, orné de pierreries, est repre- cap. 1-, senté par Eginard avec ses autres num. 28. ornemens, lors qu'il étoit dans sa pompe: *In solemnitatibus veste auro texta & calceamentis gemmatis, & fibula aurea sagum adstringente ; Diademate quoque ex auro & gemmis ornatus incedebat, &c.*

La 14. est de Louïs le Debonnaire, qui a sa Couronne entremeslée de Fleurs de Lis & de Per-

E vj

les, & tient de la main droite un Sceptre fleuronné.

La 15. est de Charles le Chauve, dont la Couronne est fleuronnée & close de cercles; sa robe est bordée & semée de Fleurs de Lis, & tient de la main droite un Sceptre fleuronné.

La 16. est de Charles le Simple, qui porte une Couronne fleuronnée, le fleuron du milieu plus élevé, tient de la main gauche un Sceptre fleurdelisé à l'extrémité, sa robe est doublée d'hermines, & porte à sa ceinture une bourse; & derriére cette effigie se voit une Tapisserie semée de Fleurs de Lis.

M. du Tillet & André Favin raportent que la Tombe du même Roi Charles enterré à Saint Fursey de Peronne, condamne ceux qui sont contraires aux Fleurs de Lis.

La 17. est de Raoul, dit le Bourguignon, qui porte une Couronne fleurdelisée, tenant de la main droite un Sceptre, où il y a une Fleur de Lis.

La 18. est de Louïs d'Outre-mer, dont la Couronne est à fleurons, & tient un Sceptre fleuronné.

La 19. est de Lothaire, qui a sa Couronne à fleurons, & tient de la main droite un Sceptre fleuronné, non à l'extrémité, mais un peu au dessous.

La 20. est de Philippe I. en la troisiéme Race, qui porte sa Couronne à fleurons.

La 21. est de Louïs le Gros, dont la Couronne est à fleurons : il tient de la main droite une tige de Lis, & de la gauche il tient un fleuron à trois feüilles.

La 22. est de Louïs le Jeune, qui porte une Couronne à hauts & à bas fleurons entremêlez, & tient de la main droite un Sceptre fleuronné dont sort une grenade.

M. de Brianville represente ces Couronnes d'une autre maniére, commençant à Pharamond jusques à Thierry II. leurs Couronnes sont faites de pointes. Childeric III. commence d'avoir des fleurons. Pepin, qui commence la feconde Race a des fleurons en façon de treffles meflez de perles. Charlemagne a des hauts & des bas fleurons , fa Couronne eſtant cloſe par des cercles qui aboutiſ-fent à un globe , au haut duquel il y a une croiſette.. Les fleurons de Louïs le Debonnaire font égaux. Charles le Chauve a des arcades. Louïs le Begue des fleurons. Louïs & Carloman ont des Rocs. Char-les le Gros a des pointes & des fleurons à fa Couronne qui eſt fer-mée. Eudes porte des pointes. Charles le Simple , des fleurons meflez de perles. Raul a fa Cou-ronne faite comme des lances. Louïs d'Outremer des fleurons & des perles. Lothaire des pointes. Louïs V. dit le fainéant, des fleurons.

Hugues Caper premier Roy de la troiſiéme Race, des pointes à fa Couronne, ainſi que Robert, Henry I. Philippe I. Louïs le Gros, & Louïs le Jeune.

Philippes Auguſte, Louïs VIII. & Saint Louïs, ont des Fleurs de Lis en leurs Couronnes. Celle de

ce Saint Monarque, qui eſt au
Treſor des Mathurins à Paris, a
huit Fleurs de Lis ou fleurons,
quatre plus hauts & quatre plus.
bas.

Celles de Philippes le Hardi,
Philippes le Bel , Louïs Hutin,
Philippes le Long, Charles le Bel,
Philippes de Valois, Charles V.
Charles V I. ont toutes des Fleurs
de Lis , que la pluſpart entremê-
lent d'autres fleurons ; de ſorte qu'il
n'y a point de regle certaine en
toutes ces Couronnes.

Ceux qui ſont amateurs de l'antiquité déplorent le dommage que
toute la France a receû , par la
ruïne de tant de riches Monumens
de la piété de nos Rois, qui n'ont
pas été épargnez lors de la fureur
des guerres ; car les Statuës ou Effigies de pluſieurs Fondateurs ou
Bienfacteurs , & leurs Armoiries,
ont été détruites , & ſi l'on en a
rétably quelque choſe, ç'a été im-
parfaitement ; & c'eſt ce qui a fait
douter de la verité des vieux Tombeaux.

CHAPITRE XIV.

Des opinions sur la réduction des Fleurs de Lis à trois, & de celles qui sont semées.

CE n'est pas une petite difficulté, selon les Auteurs mêmes, que de résoudre le temps que les Fleurs de Lis ont été réduites ; & de sçavoir si en effet nos Rois ont eû la pensée de les réduire, car il ne s'en voit aucun réglement exprés.

Louvain Geliot, Indice Armorial. Si l'on en croit Geliot, nos Monarques ont porté les Lis d'or en nombre different : Clovis en portoit trois ; ceux de la seconde lignée les portoient sans nombre, conservant les mêmes émaux, jusques à Charles VI. qui les réduisit au premier nombre.

Blason des Armoiries par Ierôme de Barra. De Barra est d'avis, que depuis le même Clovis, premier Roi Chrétien, les Rois ont porté d'azur à trois Fleurs de Lis d'or :

que Pepin le Bref les portoit sans
nombre , & ses successeurs jusques à Charles VI. qui reprit
l'an 1381. les anciennes Armes de
Clovis.

Paradin attribuë aussi à Clovis
d'azur à trois Fleurs de Lis d'or,
& dit que Charles VI. les portoit
de même ; mais que les Armes de
Robert , prédecesseur de Hugues
Capet , étoient d'azur semé de
Fleur de Lis d'or à la bordure de
gueule.

Favin est encore de ce sentiment, que Clovis portoit d'azur à
trois Fleurs de Lis d'or : que ceux
de la premiére lignée n'avoient
que trois Fleurs de Lis, & ceux de
la seconde lignée sortis de Martel,
porterent sans nombre ; que Pepin
sema son Ecu , & à son imitation
Hugues Capet, chef de la troisiéme lignée, que ses successeurs prirent jusques au regne de Charles
VI. qui réduisit ses Armes à trois
Fleurs de Lis seulement , comme
elles étoient sous la premiére lignée.

Alliances généalogiques des Roïs & Princes des Gaules, par Claude Paradin.

André Favin en son Theatre d'Honneur & de Chevalerie.

Marc VVl-
son de la
Colombiére
en sa Scien-
te Heroique.
Chronique
imprimée
l'an 1550.
sous le Re-
gne de Hen-
ry II.

La Colombiére veut que cette réduction se fit l'an 1380. premier du regne de Charles V I. & M . du Tillet en 1381. comme il est porté dans sa Chronique Latine des Rois de France.

C'est encore l'opinion de Charles Segoing, qu'elles furent réduites cette année par mystere, pour le symbole tout divin que contient ce nombre.

Theodori
Hoëpingi
de jure in-
signium tre-
ctatus.

Hoëpingue & Nicolle Gilles, mettent aussi cette réduction en l'an 1381. & disent que Charles V I. l'ordonna aprés la victoire remportée sur les Anglois en Bretagne : *Vt enim tria tantùm Lilia pingerentur pro multis erexit Carolus sextus Rex victis Anglis in Armoricis Campis.* Mais cette bataille est fort incertaine.

Histoire de
l'Abbaïe de
SaintDenis.

La cause de cette réduction des Fleurs de Lis avec la date de l'an 1384. est rapportée dans l'Histoire du Roi Charles V I. attribuée à Benoist Gencien, qui veut que les Fleurs de Lis aient cessé d'être sans nombre, & réduites à trois,

en faveur de Loüis de France Duc
de Guienne, fils de ce Monarque,
pour désigner les trois Vertus Roiales, la Valeur, la Sagesse & la Foy :
tria Lilia fidei sapientia & mili-
tia simulacrum ; & à ce propos
Givaldus a fait un éloge du triomphe des trois Fleurs de Lis. Il en
est aussi parlé dans Chassanée, qui
dit que les trois Fleurs de Lis é-
tant en nombre ternaire, est le
nombre des nombres, puis qu'il
contient le commencement, le milieu & la fin : *tria Lilia in ternario*
numero est numerus totalitatis, con-
tinet enim principium, medium &
finem , & Forcatule dépeint les
Fleurs de Lis d'or au nombre de
trois au champ d'azur : *depingun-*
tur Lilia aurea in ternario numero
& in colore zaphireo exprimuntur.

Il y a de la contradiction entre
la date de l'an 1384. & la naissance du Prince Loüis fils de France
qui est marquée au 22. Janvier
1396. de sorte qu'il n'est pas nai au
temps que l'on établit cette réduction, comme il se peut voir

Scriptores
de gestis
Francorum
Regum. pag.
405.
Ioan. Lud.
Givaldus
Tomo de
Triumpho
trium Lilio-
rum Fran-
cia.
Bartholom.
Chassaneus
Caial. glo-
ria mundi,
part.5. conf.
31. verbo,
ut plenius
pag.244. &
seq.
Stephanus
Forcatulus
lib. 6. de
Gallico Im-
perio p.780.

dans l'Histoire de Jean Juvenal des Ursins.

Il y a encore contrariété, en ce que l'on veut que les Fleurs de Lis aient esté réduites, soit en 1380. 1381. ou 1384. car les Armes de Jean de France Duc de Berry, se remarquent semées de Fleurs de Lis, avec la bordure engreslée l'an 1408. aux quatre coins du portail de l'Eglise des Innocens à Paris, & à la Sainte Chappelle, Saint Sauveur de Bourges, qu'il fonda l'an 1404. & où il fut inhumé l'an 1416.

Antiquitez de Bourges par Jean Chenu.

Les Armes du Roi Charles VI. accompagnées de celles d'Isabeau de Baviére qu'il épousa l'an 1384. se voient semées de Fleurs de Lis à la Chappelle de S. Yves à Paris, à la Sainte Chappelle du Bois de Vincennes, dite de la Trinité, que Charles V. son pere fit bâtir l'an 1379. De même en l'Eglise de Saint Saturnin de Gentilly prés le Château de Vicestre, que le Duc de Berry fit construire; dans le nouveau Convent des Carmes de

Theatre des Antiquitez de Paris par Iacques du Brueil.
Autres Antiquitez de cette ville par Claude Malingre.
Registres du Tabellionage de Roüen.

Roüen, dont Jean Duc de Betfort fut fondateur l'an 1428. En l'Hôpital Saint Gracien à Caën dépendant de celui des Quinze-Vingts Aveugles à Paris, duquel le Roi Charles VI. & Iſabeau de Baviére étoient bienfaiteurs, & enfin en pluſieurs autres lieux l'an 1413.

En ce même Hôpital des Quinze-Vingts ſont les Armes de Charles VI. à la Vitre du bas de l'Egliſe, leſquelles ſont d'azur à trois Fleurs de Lis d'or, & parties de même avec celles d'Iſabeau de Baviére ſon épouſe, ſçavoir lozangé en bande d'argent & d'azur; & ſur la petite porte il y a une Vitre qu'on attribuë à ce Monarque, qui eſt toute ſemée de Fleurs de Lis.

Cela fait bien voir l'incertitude du temps de cette réduction, que quelques-uns, ſelon Favin, mettent l'an 1412 & d'autres en 1414. Néanmoins Froiſſart, Monſtrelet, & des Urſins, remarquent qu'à l'entrée d'Iſabeau de Baviére faite à Paris le Dimanche 20. Juin 1389.

André Favin, Theatre d'Honneur.

Iean Froiſſart liv. 4.

Hiſt. d'Enguerrand de Monſtrelet.

& de Iean Iuvenal des Vrſins.

il y avoit un Ciel richement orné
des Armes de France & de Baviére, à un Soleil d'or resplendissant,
qui étoit la Devise du Roy Charles VI. Que devant la fontaine de
la ruë Saint Denis tout y étoit
paré d'un drap de fin azur, peint
& semé de Fleurs de Lis d'or, &
que devant le Grand Chastelet il
y avoit un beau lit tendu de tapisserie de couleur d'azur à Fleurs
de Lis d'or, qui representoit le
Lit de Justice des Rois; qu'au milieu il y avoit un cerf portant une
Couronne d'or à son col, avec les
Armes du Roi, qui sont d'azur à
trois Fleurs de Lis d'or, bien richement fait.

André de la Vigne, Breton, en sa Relation des Entrées de Charles VIII.és villes d'Italie. Et à l'entrée du Roy Charles
VIII. faite à Pise le Samedy 20.
Juin 1495. les ruës étoient tenduës
& parées; & aux fenestres, aux
portes & autres lieux des maisons,
il y avoit des Bannerettes, & des
Ecussons semez de Fleurs de Lis;
en sorte que les Fleurs de Lis sont
tantost sans nombre, & tantost
réduites.

Nicole Gille nous veut perſua-
der qu'elles furent réduites en 1381.
Mais il eſt certain que par Lettres
du 29. Janvier 1394. le Roi Charles
VI. permit à Jean Galeas, Viſcom-
te Duc de Milan, Comte de Vertus,
de porter ſon Ecu écartelé de France
aux Fleurs de Lis ſans nombre, &
de Milan. Voici comme en parle
Forcatule. *Non tamen videtur ſtatim
mutationem hanc eſſe, cùm multis
pòſt annis die 29. Januarii 1394.
Comiti Virtutum, Duci Mediolanenſi, hæredibuſque illius ſcutum ut
à Gallico Signo ex Liliatis Floribus
innumeris & Mediolanenſi diſtin-
ctum haberent, permiſerit, ex quo
ſequitur illud nondum ad tres Flores
redactum.*

Ce n'eſt pas une maxime géne-
rale que l'Ecu de France aie toûjours eſté ſemé avant la réduction;
car on voit à l'Abbaïe Noſtre-
Dame du Lis prés Melun, que
les Armes de Louïs VIII. y ſont
repreſentées avec une ſeule Fleur
de Lis, parties de celles de Blanche
de Caſtille ſon épouſe, qui en eſt

fondatrice, non avec un seul Château, comme il est ordinaire, mais au nombre de cinq posez en sautoir.

L'unique Fleur de Lis se voit aussi en l'Ecu de Philippes le Hardi, parti de celui de Marie de Brabant sa femme, dont le symbole est un Lion, qui sont gravez en pierre à l'Abbaïe Nôtre-Dame d'Iverneaux en Brie, fondée par Maurice Evêque de Paris sous le nom de Montesti : ce que M. de Beaulieu du Bécthomas Commandataire de cette Eglise, qui est des plus curieux, a même remarqué en ses Memoires.

Les vieux Sceaux Roiaux de Loüis le Jeune, de Philippes Auguste & de Saint Loüis, sont representez avec une seule Fleur de Lis, comme Olivier Uredius l'a remarqué : ainsi il y a de la variété en tous ces exemples.

L'Auteur anonime du Traité de l'Oriflâme assûre avoir veû le Sceau de la Régence durant que Philippes le Hardi étoit en Arragon, qui avoit seulement trois

Fleurs

Fleurs de Lis. Il remarque aussi
que Mathieu de Vendôme Abbé
de Saint Denis, & Simon Sire de
Nesle, Lieutenans pour le Roi pendant son absence, expediérent au
mois de Juillet 1282. des Lettres
Patentes sous le Sceau Roial en
cire jaune à trois Fleurs de Lis.
De-là il faudroit inferer que les
Fleurs de Lis semblent avoir été
réduites avant le temps que l'on a
voulu fixer cette réduction ; mais
il n'y a jamais eû de regle certaine , & chaque Roi en a usé de la
maniére qu'il luy a plû : Ou bien,
il semble que nos Rois laissoient
souvent la liberté aux Ouvriers de
representer leurs Ecus à leur fantaisie ; ce qui se verifiera amplement dans la suite.

Nous apprenons des Memoires
de M. du Fresne du Cange, qu'il a
veû deux Sceaux. Le premier est
le Sceau Roial de Nismes du Roi
Philippe le Bel de l'an 1308. qui
porte trois Fleurs de Lis seulement,
2. & 1. avec ces mots à l'entour :
Regalis Curia Nemansensis, & l'o-

riginal est à la Chambre des Comptes de Paris. L'autre est un Sceau de la Prevôté de Beauquesne, l'une des sept Prevôtez du Bailliage d'Amiens, lequel n'a que trois Fleurs de Lis, & est attaché à des Lettres expediées sous le regne de Philippe de Valois. Et M. Doujat assure avoir veû un autre Sceau du même regne, où cette réduction à trois Fleurs de Lis est observée.

M. Perron de Langres en son Histoire manuscrite de la Máison de Graville, heritiére de Jean de Montagu, Grand-Maître d'Hôtel de France, & Fondateur des Colestins de Marcoussy, a remarqué qu'il y a en ce Monastere un Sceau du Roi Charles V. de l'an 1376. où il ne paroît que trois Fleurs de Lis.

Le même Auteur est saisi d'un Manuscrit *in folio* qui appartenoit à Louïs Sire de Graville Amiral de France, contenant un grand Inventaire des Meubles de la Couronne, fait sous le regne de Char-

les V I. par ordre de l'alphabet,
dans lequel, ſous la lettre F, à l'antique , eſt un Ecu émaillé de France , (c'eſt à dire d'azur) à une
Fleur de Lis d'or garnie de pierreries, pour fermer ſur l'épaule un
habit de ſatin azuré nommé Sep
ou Sop , pouvoit être une eſpece de manteau Roial, dont parle la
Cerda.

A l'article ſuivant , il eſt fait
mention d'un autre Ecu d'azur à
ſix Fleurs de Lis d'or, garnies de
pierreries.

Les Carmes de la Place - Maubert à Paris expoſent en public
le jour de la Feſte de Saint Louïs,
25. Aouſt, un Chaſuble fait d'un
des manteaux de ce grand Saint,
qui eſt brodé de pluſieurs Ecus de
France à trois Fleurs de Lis ſeulement , mêlez d'autres figures de
molettes poſées en ſautoir.

Antiquitez
de Roüen
par F. Fa-
rin.

Les Armes de Beatrix de Bourbon Reine de Bohéme, ſe voient
en huit endroits de ſon ſepulcre de
marbre noir , qui eſt au Convent
des Jacobins de la ruë Saint Jac-

ques à Paris. Elles font parties au premier de celles de Jean de Luxembourg fon mari, qui font écartelées de Bohéme & de Luxembourg ; au fecond , de France à quatre Fleurs de Lis, pofées une en chef, deux en flanc, & une en pointe à la cottice, qui eft la brifure de la branche des Ducs de Bourbon , Comtes de Clermont, & les Fleurs de Lis font ainfi réduites , pour fe conformer fans doute à l'Ecu fait en lozange de cette Princeffe, qui mourut le 25. Décembre 1383. Sa figure fe voit fur un pilier dans le Chœur, du côté gauche du grand Autel ; fa fepulture, qui étoit en ce lieu, aiant été tranfportée entre deux Chapelles de l'aile de cette Eglife, où elle eft maintenant.

Aux vitres du Chapitre de ce Monaftere font reprefentez quatre Ecus d'armes du Roi Philippe le Bel, & de fes trois fils, Louïs Hutin, Philippe le Long, & Charles le Bel , avec l'effigie de Jeanne Reine de Navarre, leur mere. La

Peintre aiant tantôt femé ces Ecus
de Fleurs de Lis en nombre infini,
tantôt auſſi en nombre arreſté,
bien au-de-là du ternaire, ſans
qu'il ait eû la penſée de le faire,
parce que les figures de ces Fleurs
de Lis paroiſſent n'avoir point
d'autre nombre que ſa volonté; &
il a obſervé la même regle dans
les Armes des branches de Valois,
d'Evreux & de Bourbon, & dans
celles des Rois de Navarre & de
Caſtille, leſquelles y ſont peintes
femées, encore que leur figure ſoit
finguliére en leur Blaſon.

Au deſſous de la Sainte Chappelle du Palais à Paris, eſt une autre Chappelle dont les dehors du
Portail ſont ornez des Armes du
Roi Saint Louïs qui en eſt le Fondateur, par Chartre de l'an 1248.
Elles ſont femées de Fleurs de Lis,
& de Châteaux ſans nombre, ſoit
que cela ſe fit pour la conformité
des Fleurs de Lis, ou que ce Prince voulut honorer ſon origine ma-
ternelle, en mêlant ces ſymboles
avec ceux de France. Deux de ſes

freres puînez Robert Comte d'Artois, & Alfonce Comte de Poitou, briferent leurs Armes à peu prés de la même maniére, en memoire de la Reine Blanche de Caftille leur mere ; car le premier portoit fon Lambel de quatre pendans, chargé de douze Châteaux, comme il fe voit au Tombeau de Marguerite d'Artois, femme de Louïs de France, Comte d'Evreux, morte l'an 1311. qui eft dans le Chœur des Jacobins à Paris ; & l'autre portoit de France parti de Caftille à fix Châteaux ; le tout gravé avec les Armes de Touloufe à la Croix clechée, échancrée & pommetée, au Tombeau de Jeanne Comteffe de Touloufe époufe de ce Prince Alfonce, morte l'an 1271. qui eft en l'Abbaïe de Gerfy, qu'ils firent bâtir.

Le Duc Philippes mourut l'an 1391. felon l'Hiftoire de la Maifon de France. Le Lambel de l'Ecu femé de Fleurs de Lis, qui eft au Tombeau de Philippe de France Duc d'Orleans dans les Cordeliers à Paris, vers le grand Autel, eft de quatre pendans, & ailleurs de trois. De

même Charles & Louïs de France, *& son tom-*
Rois de Sicile, chefs des deux *beau n'a*
Branches des Comtes & Ducs *aucune in-*
d'Anjou, portent diverſement le *ſcription.*
Lambel qui briſe leurs Armes; car
le premier y met quatre pendans,
& le dernier n'en met que trois
comme leurs deſcendans; ce qui ſe
voit entre les quartiers d'alliance
de la Maiſon de Lorraine, bien
que ce ſoit le même Ecu qui eſt ré-
feré au Roiaume de Naples & de
Sicile.

La même choſe ſe peut remarquer aux briſures de beſans qui
ſervent de ſurbriſures és Armoiries
des Comtes & Ducs d'Alençon,
puiſnez de la Branche de Valois,
dont le nombre a toûjours eſté incertain & ſans regle, mais propor-
tionné à la dimenſion & étenduë
de l'Ecu, & partant arbitraire à
l'architecte.

M. Hautin remarque que les
Monnoyeurs Bretons en uſoient de
même, à la monnoie que faiſoit
forger Jean V. Duc de Bretagne;
car elle étoit tantôt marquée de

trois mouchetures d'hermines, tantôt auſſi femée à l'infini, qui eſt le véritable Ecu d'hermines, dont les mouchetures ne doivent pas être réduites, puisqu'en blaſonnant l'Ecu d'hermines la panne y eſt compriſe en ſon entier.

Revenant aux Fleurs de Lis, M. de Brianville en ſon Abregé Méthodique & ſavant de l'Hiſtoire de France, qu'il a preſenté à Monſeigneur le Dauphin, aſſûre avoir veû un Calice d'or donné par le Roi Charles V. à la Sainte Chappelle du Palais à Paris, où il paroît des Ecus, dont les uns ſont ſemez de Fleurs de Lis, & les autres n'en ont que trois. Il allegue M. de Teroüenne, qui rapporte avoir veû des Monnoies de Philippe VI. marquées d'une Croix, accompagnée de quatre Ecuſſons avec chacun trois Fleurs de Lis ſeulement, de-même que de Jean ſon fils, en ſa repreſentation à cheval, & dit que Charles VI. avoit ſon Ecu à trois Fleurs de Lis timbré d'un heaume à l'antique avec son volet, & la Fleur de Lis pour cimier.

Ainſi, il eſtime que Charles VI. n'eſt pas le premier qui n'a porté que trois Fleurs de Lis ; mais qu'il eſt vrai que depuis lui, nos Rois ne les ont pas portées ſemées, & qu'auparavant ç'a été Louïs le Jeune qui a marqué le premier ſes enſeignes de Fleurs de Lis. Auſſi quelques Curieux ont, dit-il, conjecturé que ce pourroit bien être la cauſe pourquoi il fut ſurnommé Florus, & ont cité à ce propos Orderic Vitalis Moine de Saint Evrout d'Ouche, Auteur d'une Hiſtoire Eccleſiaſtique de Normandie & d'Angleterre, dont je rapporterai ici le texte : *Philippus Rex anno Regni ſui* XLVII. IV. *Kal. Auguſti mortuus eſt, &c. Sequenti autem Dominico Ludovicus Theobaldus, filius ejus Aurelianis intronizatus eſt, &c. hic Adelaidem filiam Humberti Principis Intermontium duxit uxorem, quæ peperit ei quatuor filios, Philippum, Ludovicum Florum, Henricum, & Hugonem.*

Orderici Vitalis Vticenſis Monachi Eccleſiaſtica Hiſtoriæ lib. II, in vita Henrici I. Regis Angliæ & Ducis Normanniæ anno 1108, pag. 816.

G v

M. Berruyer de Saint Georges,
qui a fort étudié la matiére des
Blasons, réduisant toutes les opinions en un seul article, est d'avis
premiérement que les Armes de
France étoient des fers de javelot
nommez Francises, plûtôt que
des Fleurs de Lis qui en seroient la
figure, se fondant sur ce que Gregoire de Tours ne parle point de
la révelation qu'on prétend avoir
été faite à l'Ermite de Joïenval,
quoi qu'il ne fust pas fort éloigné
de ce temps-là ; que pour l'ancienneté de ces Armes, il croit volon-
tiers qu'elles n'ont été hereditaires
que depuis Louïs le Gros, ou même depuis Louïs le Jeune ; & que
comme il n'y a rien d'écrit touchant la réduction des Fleurs de
Lis au nombre ternaire, il ne pen-
se pas qu'on en puisse rien assûrer,
à moins que de s'arrêter à l'opinion commune, que depuis Charles VI. ce nombre a été particu-
liérement fixé.

Olivier de la Marche en ses
Memoires, dit que Jean le Févre

de Saint Remi, Roi d'Armes de l'Ordre de la Toison d'Or, étoit d'avis, au sujet des Armes du Duc de Bourgogne, que les fils de France devoient porter semé de Fleurs de Lis, & non le Roi de France. Aussi les Princes de la Branche de Bourgogne n'ont jamais réduit les Fleurs de Lis, ou rarement, non plus que ceux des Branches de Berri, d'Evreux, d'Artois, ni des deux Branches d'Anjou; mais seulement celles d'Alençon & de Bourbon, à l'imitation des pleines Armes de France.

Il y a plusieurs Ecus au Convent des Jacobins de Caën, fondé par le Roi Saint Louïs, qui favorisent l'opinion d'Olivier de la Marche. On y remarque à la Chappelle de Sainte Catherine, dite Nôtre-Dame de Pitié, les Armes du Roi Charles V. avec trois Fleurs de Lis; & celles de Philippes le Bon & de Charles le Guerrier Ducs de Bourgogne, s'y voient semées de Fleurs de Lis avec la brisure ordinaire d'cette

Enguerandi Signard, natif de Condé sur Noireau en Normandie, de l'Ordre de S. Dominique, Evêqued'Auxerre, & Confesseur de Charles, dernier Duc de Bourgogne, a fait

G vj

Branche, & les quartiers de Bourgogne ancien, de Brabant, de Limbourg & de Flandres avec l'alliance de Portugal; mais les Fleurs de
Lis de l'Ecu d'Isabelle de Bourbon
Duchesse de Bourgogne, y sont
réduites à trois.

Nous apprenons d'un ancien
Monument en Vers Latins rimez,
qui est gravé contre la muraille du
grand Cloître de la Chartreuse
de Vauvert à Paris, pour la fondation de quatre Cellules que fit
Pierre de Navarre Comte de Mor-
tain l'an 1390. que les Armes de
ce Prince, fils puisné de Charles II. Roi de Navarre, Comte
d'Evreux, & de Jeanne de France,
sont écartelées de France & de
Navarre. Celles de France à trois
Fleurs de Lis seulement, & non
semées comme elles se voient en
plusieurs Vitres de l'Eglise des
Carmes à Paris, pour Jeanne d'E-
vreux Reine de France, parties au
premier côté de celles de Charles IV. surnommé le Bel son mari,
aussi semées..

Il se remarque aux Celestins de Paris à la Chappelle d'Orleans, & ailleurs, que Louïs de France Duc d'Orleans, & Philippe d'Orleans Comte de Vertus son fils puisné, qui mourut l'an 1420. ont toûjours porté semé de Fleurs de Lis, brisé d'un Lambel, Charles Duc d'Orleans son fils aisné les aiant réduites à trois; & comme il ne déceda qu'en 1465. pendant le regne de Louïs XI. il est évident que le Heraut Saint Remi n'a pas compris que les Ducs de Bourgogne ses Maîtres n'ont pas affecté cette diminution de nombre de Fleurs de Lis, ne s'étant jamais conformez, ou rarement, aux Rois Charles VI. Charles VII. & Louïs XI.

M. Tristan de Saint Amand, qui attribuë la réduction des Fleurs de Lis à Charles VI. dit pourtant avoir veû deux vieux Ecus d'or de deux Rois portans le nom de Philippe, dont la date du regne ne se remarque point, qui ont pour inscription : *Philippus Dei gratia*

Francorum Rex, où les Fleurs de Lis sont réduites à trois; & il n'y a point de Roi de France de ce nom depuis Philippe VI. dit de Valois, qui étoit bisayeul de Charles VI.

Il y a au Tresor de Sainte Catherine du Val des Ecoliers à Paris un Reliquaire d'argent doré de cette Martyre, au bas duquel se voient gravées & peintes les Armes du Roi Charles V. dit le Sage, d'azur à trois Fleurs de Lis d'or, & au dessous celles du même Monarque, aussi d'azur, mais semées de Fleurs de Lis d'or, & parties d'azur semées de Fleurs de Lis d'or, a la cottice de gueules, à cause de la Reine Jeanne de Bourbon son épouse. Cela est de l'an 1375. & la preuve qui suit est inserée dans l'Office propre qui se fait le jour de l'Invention des Reliques de Sainte Catherine, & qui se celebre comme une Feste mobile le Dimanche dans l'Octave de l'Ascension: *Carolus quintus Regum illorum post aliquot annos suc-*

cessor, anno Domini 1375. Os bra-chii Sanctæ Catharinæ, cujus virtu-tem Gallia fuerat experta, huic con-cessit Ecclesiæ, auro & argento præ-clarè ornatum.

Dans cette même Eglise, il se voit en trois differentes Chappel-les des Armes peintes qui servent à ce sujet.

En la premiére dédiée aux Apô-tres, qui est proche du Chœur, au passage de la croisée de la Nef, se voient six Armoiries. Celles qui sont au milieu & à la place d'hon-neur, peintes d'azur semées de Fleurs de Lis d'or, sont attribuées au Roi Charles VI. Au côté droit sont les Armes de la Reine Isabeau de Baviére, parties au premier de France, d'azur à trois Fleurs de Lis d'or, & au dernier de Baviére lozangé en bande d'argent & d'a-zur. Du côté gauche sont les Ar-mes de Louïs de France Duc d'An-jou, qui sont d'azur à trois Fleurs de Lis d'or à la bordure de gueu-les. Au même côté droit sous les Armes de ladite Reine, sont celles de Philippe de France Duc de Bourgogne, qui sont écartelées au premier & quatriéme quartier d'azur à trois Fleurs de Lis d'or, & à la bordure componnée d'argent & de gueules, au second & troisiéme du Duché de Bourgogne, qui est bandé d'or & d'azur à la bordure de gueules. Et au côté gauche sous l'Ecu du Duc d'Anjou est celui de Louïs de France Duc d'Orleans, qui est d'azur à trois Fleurs de Lis d'or, & au Lambel de trois pendans d'argent, & au bas de cette Vitre sont les Armes de Jean Duc de Bourbon, d'azur à trois Fleurs de Lis d'or, & à la cottice de gueules.

En la Chappelle de Saint Fiacre à droit sont les Armes de France d'azur semées de Fleurs de Lis d'or, attribuées au Roi Charles VI. & à gauche d'autres armes aussi d'azur semées de Fleurs de Lis d'or, brisées d'une Crosse d'or, qu'on attribuë par concession à l'Abbaïe du Val des Ecoliers, & au Prieuré de Sainte Catherine.

Et à la Chappelle de Sainte Geneviéve au même Prieuré , font
fix fortes d'Ecus aux Blafons de
France. Le premier eft du Roi
Charles VI. d'azur femé de Fleurs
de Lis d'or ; le fecond, celuy de
Louïs de France , Duc d'Orleans,
d'azur femé de Fleurs de Lis d'or
au lambel d'argent ; le troifiéme,
celuy de Louïs de France , Duc
d'Anjou, qui eft d'azur femé de
Fleurs de Lis d'or à la bordure de
gueules ; le quatriéme eft l'Ecu de
Jean de France , Duc de Berry,
d'azur, femé de Fleurs de Lis d'or
à la bordure engreflée de gueules ;
le cinquiéme eft l'Ecu de Philippe de France Duc de Bourgogne,
écartelé au premier & quatriéme
quartier d'azur femé de Fleurs de
Lis d'or à la bordure componnée
d'argent & de gueules, au fecond &
troifiéme de Bourgogne l'ancien ;
enfin le fixiéme eft l'Ecu de Jean
Duc de Bourbon, qui eft d'azur femé de Fleurs de Lis d'or à la cottice de gueules ; & les Ecus de cette derniére Chappelle fe trouvent

rangez selon l'ordre de la naissance & primogeniture de ces Princes.

Il y a encore d'autres exemples
de toutes ces differences en l'Eglise & Paroisse de Saint Gervais à
Paris, aux Vitres de la Chappelle
Nôtre-Dame, derriére le Chœur;
car on y voit les Armes du Roy
Loüis XI. qui sont d'azur à trois
Fleurs de Lis d'or, l'Ecu timbré
d'un Casque couronné, surmonté
d'une Fleur de Lis d'or, & entou-
ré du Colier de l'Ordre Saint Michel: ce qui fait connoître que c'est
ce Monarque. Et plus bas aux deux
côtez sont à droit les Armes de
René Duc d'Alençon, qui sont d'a-
zur semées de Fleurs de Lis d'or,
à la bordure de gueules besantée
d'argent, & de l'autre côté à gauche, sont les Armes de Jean Duc
de Bourbon, d'azur semées de
Fleurs de Lis d'or à la cottice de
gueules.

Jean de
Dormans,
Cardinal
du S. Siége,
& Evêque

L'on voit en la Chappelle de
Saint Jean l'Evangeliste de Dormans au Collége appellé de Beauvais, situé en la ruë du Parc Bru-

neau à Paris, quatre Armoiries de
France, deux à la Vitre de derriére l'Autel du Chœur; les deux
autres à la Vitre du fond de la
Nef, qui se réferent à Charles
V. Roi de France, & à Charles
Dauphin de Viennois son fils &
successeur à la Couronne. Celles
du Chœur sont d'azur aux Fleurs
de Lis d'or sans nombre pour le
pere; celles du fils sont aussi semées
de même, écartelées d'or au Dauphin d'azur, qui est de Dauphiné,
& les deux Ecus de la Nef sont
d'azur à trois Fleurs de Lis d'or
pour le Roi, & encore de France
aussi d'azur à trois Fleurs de Lis
d'or écartelé de Dauphiné comme
ci-dessus pour le Dauphin son fils
aîné, & sous le même Ecu de
France, est la représentation de ce
Monarque, la Couronne en tête rehaussée de Fleurons & de Perles al-
ternativement, sa robe ou habillement long de couleur bleuë-celeste.

*de Beau-
vais. Guil-
laume de
Dormans
son frere
aîné, pere
de Miles de
Dormans
Evêque de
Beauvais,
tous trois
Chanceliers
de France,
és années
1361, 1370,
1373, 1380,
1381, 1387.
Fondateurs
du College
de Beau-
vais.*

Ces exemples font remarquer
que l'Ecu de France est representé
en même lieu, & dans le même

temps, femé de Fleurs de Lis, &
à trois Fleurs de Lis. La même
difference fe trouve aux Armes
des Ducs d'Orleans, d'Anjou, de
Berri, de Bourgogne, d'Alençon,
de Bourbon, & autres Princes de
la Maifon Roiale.

C'eft que bien fouvent les Graveurs, les Sculpteurs, les Peintres
& les Enlumineurs fuivoient l'é-
tenduë des Sceaux & des Ecus.
Cela fe voit ainfi en diverfes Armes anciennes des Maifons de
Hainaut aux Païs-bas, de Lufi-
gnan, de Parthenai, de Lezai, de
Preulli, d'Alongni en Poitou, de
Rohan, de Montauban, de Mo-
lac, de Beaumanoir, de Maleftroit,
de Quebriac en Bretagne, de Melun en Gaftinois, de Choifeul en
Champagne, du Bellai en Anjou,
de Pelletots Painel, de Montenai,
de Blainville, de Villequier, de
Vicupont, d'Aché, de Rouvrai,
d'Efcalles, de Thieuville, de Rou-
ville en Normandie, de Boulain-
villier, de Saveufe & d'Argies en
Picardie, de Brancas en Proven-

*M. d'Ho-
fier en la
Généalogie
de Choifeul,
qu'il a pu-
bliée, parle
du nombre
different
de fes Bil-
lettes qu'il
verifie par*

ce, de Cardaillac en Languedoc, *des Tombeaux de cette Maison, & autres preuves autentiques.*
& une infinité d'autres, dont les
piéces de leurs Ecus sont tantôt en
moindre & tantôt en plus grand
nombre.

Les Croisettes des Armes de Mauquenchy-Blainville, sont representées en nombre pair dans le Recueil des Maréchaux de France par Iean le Feron; mais la figure qui est à la porte de Gamilly en la ville de Vernon, les represente semées, & en nombre infini & dissemblable.

M. le Laboureur dit aussi fort *En ses Notes sur l'Histoire de Charles VI.*
à-propos, que cette réduction des
Fleurs de Lis est plûtôt arrivée
par hazard, que par meûre déli-
beration ; & il allegue pour fondement quelques Sceaux du Châtelet de Paris, dont le Roi Charles VI. se servoit souvent, lors qu'il
n'avoit pas le grand, pendant les
desordres de son Regne; le Gra-
veur croiant avoir satisfait au
dessein de faire un Ecu semé de
Fleurs de Lis, d'en mettre deux
en chef, & une à la pointe, où il
étoit plus étroit. Cela est plus vrai-
semblable, que de s'arrester à ce
que dit Jean Gerson du nombre *Part. 2. pag. 358.*
ternaire des Fleurs de Lis, qu'il

veut reprefenter les trois Etats du Roiaume.

Si Janus Cecil Frey a été contraire aux Fleurs de Lis, il n'a pas toûjours été de même fentiment: car en un de fes Traitez au chapitre intitulé, *Gentilitia Galliarum infignia Lilia*, il parle en leur faveur, & dit que les Fleurs de Lis des Armes de France étoient anciennement fans nombre, & ont été depuis réduites à trois; & que c'eft ce qui fe voit d'ordinaire par l'Ecu de Charlemagne: *Lilia Galliarum infignia pulcherrima celeberrimáque antiquitus, non trina tantùm, fed abfque numero, quod vel notato vulgariter Caroli Magni Scuto liquet, fed caufa ratióque nulli hactenus oftenfa.*

Cét Auteur, pour faire allufion au nombre ternaire des Fleurs de Lis, dit qu'elles reprefentent les trois parties de la Gaule, l'Aquitanique, la Belgique, & la Celtique; ou bien les Druides, les Bardes, & les Eubages des anciens Gaulois; ou les trois Races Roia-

Admiranda Galliarum compendio indicata cap. 3.

Cofmographia felectiora.

les, la Merovingienne, la Carlo-
vingienne, & la Capete ; ou les
trois Etats du Roiaume, le Clergé,
la Noblesse, & le Peuple ; ou les
trois Ames, vegetante, sensitive,
& raisonnable, & plusieurs autres
comparaisons qu'il fait sur ce nombre de trois. Il finit, en réfutant
ce qu'il avoit dit des Fleurs de Lis
touchant l'opinion des Haches, di-
sant qu'elle peut être fausse, & il
congratule la France sur ces Fleurs
toûjours triomphantes : *Cætera quæ de Liliis hic sum commentatus nimis quam decantata, aut etiam falsa sunt, ego Franciæ sic gratuler.*

Si Ver æternum est, quod perpete flore virescit,
Gallia verè trino flore perenne viret.

CHAPITRE XV.

A quel titre plusieurs familles portent des Fleurs de Lis.

DIEU qui est admirable en
tous ses ouvrages, a mis des
traits & des linéamens tous divers
dans chaque individu, pour le

discernement des hommes, & leur a inspiré l'imposition des noms pour chacun en particulier, afin de les

L. ad reco-gnoscendos. 10. *Cod. de Ingenuis & manumissis.*

rendre reconnoissables. La Juris-prudence en demeure d'accord; & cela a été suivi du port des Ar-mes pour la distinction des famil-les : *Quia per signum cognoscitur signatum.* Néanmoins tous ceux qui semblent porter mêmes noms ou mêmes Armes, n'ont pas toû-jours une même origine.

Ainsi les maisons qui portent des Fleurs de Lis, & qui n'ont pas l'honneur d'être du Sang de Fran-ce, n'ont aucun raport par leurs Armes avec la Roiale : *Quia omne simile non est idem.* Et c'est un er-reur populaire de se persuader que toutes celles qui portent ce sym-bole, le tiennent de la liberalité du Prince, comme si tous ceux qui portent des Leopards les te-noient des Rois d'Angleterre, ou de Dannemark; ceux qui ont des Châteaux, des Rois de Castille; ceux qui ont des Lions, des Rois de Leon; ceux qui ont des Paux,

des

des Rois d'Arragon; ceux qui ont
des Aigles, des Rois de Pologne,
&c.

Il est vrai qu'il y a des Auteurs
qui tirent l'origine des Armes de
Goulaines, d'Estain, Foucaut-
Saint-Germain, de la Chambre-
Barjat, de Sainte Marie de Pisau-
re, de Pomeure-Belleassise, & autres, de celles du Roiaume, à cause des Fleurs de Lis qu'elles portent : ce qui n'est fondé sur aucune preuve valable, pour se preva-
loir d'un si illustre Blason ; & il
seroit aisé de réfuter cette opinion
sans blesser l'ancienneté de ces
Maisons : toutefois les Armes de
Goulaines se pourroient raporter
à celles d'Angleterre.

Les Historiens Anglois disent
qu'Edoüard III. Roi d'Angleterre ajoûta les Armes de France à
celles de son Roiaume, comme
fils d'Isabelle de France, & parce
que son fils Edoüard avoit pris le
Roi Jean prisonnier de guerre devant Poitiers : ce que ses successeurs ont continué jusques à pre-

*Hist. de Bre-
tagne d'Au-
gust. du Pas.
Tresor He-
raldique.
Claude
Malingre,
Antiquitez
de Paris.
Gilles Bou-
vier, en son
Armorial
blasonne
l'Ecu de
Foucaut
d'azur,
semé de
Fleurs de
Lis d'ar-
gent, &
maintenant
elles parois-
sent d'or.
Nicolaus
Vptor. de
studio mili-
tari.
Edoüardus
Bissaus in
Codicibus
M. S.*

H

sent, donnant néanmoins la préference & la place d'honneur à l'Ecu de France.

M. du Fresne du Cange.

Les Commentaires sur l'Histoire de Jean Sire de Joinville, nous apprennent que le jeune Prince d'Antioche reconnoissant les bienfaits qu'il avoit receûs de la France, écartela ses Armes de Poitiers & d'Antioche, & les mêla avec celles du Roi, pour lui rendre honneur, portant les Fleurs de Lis semées ; & que Constance, fille de Boémond Prince d'Antioche, transporta ces Armes à Raimond de Poitiers son mari, comme il se voit jusques à present en l'un des quartiers de l'Écu de Poitiers, sur la porte d'une Maison qui est en la ruë de Paradis à Paris, que fit bâtir environ l'an 1505. Guillaume de Poitiers, Seigneur de Clerjeux, Gouverneur de Paris.

Cette Maison appartient maintenant aux Benedictins qui ont succedé aux Guillemins, & ceux-ci aux Servites, appellez Blancs-Manteaux.

Mais le principal motif du port de ces Armes, est l'alliance que prit Boémond Prince d'Antioche, fils de Guichard Prince de Salerne, avec Constance de France,

fille du Roi Philippe I. desquels
étoit sorti Boémond II. pere de
Constance , femme de Raimond
de Poitiers , à cause d'elle Prince
d'Antioche.

De-même Jeanne Comtesse de
Ponthieu , de la Maison de Mont-
gommery , femme de Simon de
Dammartin , & fille de Guillaume Comte de Ponthieu , écartela
ses Armes de celles de France , semées de Fleurs de Lis , à cause
d'Alix de France sa mere, fille du
Roi Louïs le Jeune , & en trans-
fera le quartier avec sa succession
à Jeanne Comtesse de Ponthieu ,
sa fille , femme de Ferdinand III.
Roi de Castille & de Léon , & à
tous leurs descendans , comme il
se voioit ci-devant au lambris de
l'Hôtel de Harcourt, rüe des Ma-
çons à Paris , avant qu'il fût démoli.

*Hist. d'A-
lençon de
Gilles de
Bry de la
Clergerie.
Hist. de
Montmo-
rency d'An-
dré du Ches-
ne.
Hist. de
Harcourt
liv. 8.*

Blanche de France , fille du Roi
Saint Louïs , aiant épousé Ferdinand surnommé de la Cerda , fils
aîné d'Alfonse X. Roi de Castille,
elle en eût Alfonse pour fils aîné,

*Estevan de
Garibai.*

H ij

fur lequel Sance IV. fon oncle, frere puifné de fon pere, ufurpa les deux Roiaumes de Caftille & de Léon, il prit les Armes de ces deux Couronnes avec celles de France femées de Fleurs de Lis au fecond & troifiéme quartier, ainfi qu'il fe peut voir aux Vitres des Cordeliéres de Saint Marcel à Paris. Louïs d'Efpagne, dit de la Cerda, continua le port de ces Armes, à l'exemple de fon pere ; & Ifabelle fa fille les tranfporta à Bernard fils naturel du Comte de Foix, defquels font defcendus les Comtes & Ducs de Medinaceli, qui ont continüé le Blafon de France avec ceux de leur origine, & le furnom de la Cerda.

Marie d'Efpagne Comteffe de Bifcaie, fille du même Ferdinand d'Efpagne, ou de la Cerda, femme en premiéres noces de Charles d'Evreux Comte d'Etampes, puis de Charles de Valois Comte d'Alençon, portoit écartelé au fecond & troifiéme de France, femé de Fleurs de Lis pour la même

raifon cy-deſſus , au premier de
Caſtille, & au quatriéme de Léon.
Ce qui ſe remarque aux Vitres de
la Chappelle d'Alençon des Jacobins à Paris , où eſt ſon ſepulcre
de marbre , prés celuy du Comte
d'Alençon ſon mari , qui marque
ſon décés au 19. Novembre 1369.
L'habit de la Statuë de ce Prince
eſt ſemé de Fleurs de Lis , & celuy
de la Princeſſe , de Châteaux ,
pour faire alluſion aux Ecus & aux
Emaux de France & de Caſtille.

Le Roi Charles VII. aiant érigé
en Comté la Baronnie de Laval ,
par Lettres du 27. Juillet 1429. en
faveur de Guy XIV. fils de Jean
de Montfort , dit Guy XIII. qui
épouſa Iſabelle de Bretagne , fille
de Jean VI. Duc de Bretagne , &
de Jeanne de France , fille du Roi
Charles VI. les Comtes de La- *Hiſt. de*
val prirent les pleines Armes de *Laval par*
France à trois Fleurs de Lis au pre- *Pierre le*
mier quartier , & briſées d'une *Baud.*
bande componnée au quatriéme ,
avec celles de Montmorency- *Hiſt de Bre-*
Laval au ſecond & troiſiéme , &*tagne de*

H iij

Bertrand
d'Argentré
chap. 40.

sur le tout de Vitré : ce qui se verifie encore à-present dans une
Chappelle aux Celestins, & aux
Vitres du Chœur des Carmes, &
ci-devant en leur Jubé, avant qu'il
fût démoli, de-même que sur l'ancienne porte du College de Reims
à Paris pour l'Archevêque Pierre
de Laval.

André du
Chesne, en
l'Histoire de
Montmo-
renci, au
sujet d'A-
gnés de
Pontoise.

Charles Se-
goüin en son
Tresor He-
raldique.

Il y a aussi des Armes que l'on
attribuë aux Charges ; comme
l'Ecu d'azur semé de Fleurs de Lis
d'or, brisé d'un lambel d'hermines, que portoient Gautier &
Dreux Comtes du Wexin Porte-
Oriflâmes de France, & leurs descendans, à-cause de cette Charge
qu'ils prétendoient hereditaire en
leur Maison, si l'on défere au sentiment de plusieurs notables Auteurs, & récemment à celui de
M. de Quitri, de la Maison de
Chaumont, qui avoit relevé ces Armes quittant les siennes qui sont
des plus anciennes.

Néanmoins il ne paroît pas que
les Seigneurs qui ont eû l'honneur
de porter l'Oriflâme depuis l'an

1214. aient jamais porté les Fleurs de Lis en cette qualité, & de ce nombre sont ceux de Montigni, de Chevreuse, d'Erqueri, de Noiers, de Charni, d'Andrehan, de Villiers, de la Trimouïlle, des Bordes, d'Aumont, de Bacqueville-Martel, & de Betas.

Plusieurs Maisons Souveraines ou de haute marque portent les Armoiries de France par concession, comme les Ducs de Milan, de Lenos, de Ferrare, de Toscane, les Sires d'Albret & Bentig-voli, Princes de Bologne; mais ils en parent leurs Ecus, non comme propres, les posant au quarrier d'honneur, sans autre attribution; car ils ont leurs Armes particuliéres & familiéres, exemtes de communauté & de mélange, avec ces Armes Roiales.

D'autres, qui ont esté honorez de quelque piéce de ces Armes, ne se peuvent prévaloir de l'Ecu de France, qui est indivisible, puisque le Roi, sur le modelle de la Divinité dont il est l'Image vivan-

Iean Sire de Ioinville, Hist. de S. Louïs I X. du nom. Chroniques de Iean Froissart. Sevole & Louis de SainteMarthe, en l'Hist. de la Maison de France. André du Chesne en l'Hist. de la Maison de Montmorency & de Laval. Gui Coquille en l'Hist. de Niver-nois. Bartholomeus Chassaneus de Gloria mundi.

H iiij

M. Blanchard, Hist. du Parlemět de Pars. Iean Bapt. l'Hermite, dit Tristan de Soliers en sa Toscane Françoise. Claude Malingre. Mercure François par Richer. Tresor Heraldique de Charles Segoin. Antiquitez de Paris de Iacques du Breuil, & de Claude Malingre. Hist. de l'Abbaïe S. Oüen de Roüen, par D. François de Pommeraie. Hist. de Tournay de Iean Cousin & de Iean Vuasson.

te en terre , ne communique sa gloire à personne , comme dit tresbien Chassanée, en se servant de ces paroles sacrées, *gloriam meam alteri non dabo.*

Mais il y en a qui portent quelques Fleurs de Lis pour récompense de services, comme les Maisons de Clermont - Châtes, de Villeneuve-Trans, de Falve , de l'Hôpital - Vitri , Alviano, Morosini , Ghigi, de Vic, &c. Les autres en obtenant des Lettres d'Annoblissement, comme les parens de Jeanne Daï Pucelle d'Orleans , Vibe Danois de nation, Ferrier, Libertat, Hostager, Zamet, & plusieurs semblables, dont les exemples sont récens.

Des Communautez ont aussi souvent obtenu la prérogative de porter les Fleurs de Lis , comme les Eglises Cathedrales de Reims, Paris , Langres , Laon , Châlons, Noïon, les Abbaïes de Sainte Geneviéve de Paris , & de Saint Oüin de Roüen, fondées sous le titre de Saint Pierre ; celles de

Saint Denis en France, de Long-
champ, d'Ardaine, d'Hierre, de
Saint Maixant, & autrés ; le Mo-
naſtere de Sainte Croix de la Bre-
tonnerie, l'Univerſité de Paris; pluſieurs Villes, comme Tournai, Orléans, Châlons, Pui en Velai,
Caën, &c. ont eû le même privilege : ce qui eſt confirmé par le
témoignage de pluſieurs Hiſtoriens.

* Grand nombre de Maiſons qui
ont des Fleurs de Lis de leur chef,
j'entens parler de ces anciennes
ſouches, les poſſedent avec leurs
Noms par ſucceſſion héreditaire,
& leurs Armes ſe trouvent parlantes par une alluſion reſpective : ce
qui ſe peut remarquer en la Maiſon de la Tour d'Auvergne, & en
celles de Tournon, de Tourzel-
Allegre, de Caſeneuve-Simiane,
qui portent des Tours avec des
Fleurs de Lis ſemées, cette derniére portant les deux enſemble,
& la ſeconde aïant quitté la Tour
dans ces derniers temps, pour mieux
affecter l'Ecu de France.

Marginal notes (right column):

Antiquitez
d'Orléans
de François
le Maire.
& d'Angel-
mens.
Hiſtoire de
Châlons de
Pierre Per-
puy.
Sebaſtien
Roüillard
en l'Hiſtoi-
re de Long-
Champ.
Antiquitez
du Puy en
Auvergne
d'Odon
Gifferus.
Antiquitez
de Caën, de
Charles de
Bourguevil-
le.
Plan de la
même Ville.
Iean Char-
tier, ſur l'an
1440.
* Hiſtoire
d'Auvergne
de la Tour
& de Tu-
renne, par
M. Iuſtel.

L'Armorial de Gilles Bouvier blafonne les Armes de Tournon d'azur femé de Fleurs de Lis d'or à la Tour de gueules.

Et comme ces Maisons sont illustres en grands Capitaines & en grands Hommes, ils ont sans doute pris le symbole de leurs Armes, sur cette noble expression du Roi Sage, qui parlant de David son pere, de ses Forteresses & des Boucliers qui y étoient en magazin, pour armer les plus vaillans d'Israël, y ajoûte les Fleurs de Lis:

Lib. Cant. c. 4.

Sicut turris David, &c. qua ædificata est cum propugnaculis, mille Clypei pendent ex ea omnis armatura fortium, &c. qui pascuntur in Liliis.

Augustin du Pas attribuë aux Barons de Château-Briant des pommes de pin pour Armes primitives.

Sur semblable fondement les Maisons de Toüars, de Comptour-d'Achon, de Châteaubriant, du Châtelet, de Tilli, du Bellai, de Bellefouriére, de Massi, & plusieurs autres, portent des Fleurs de Lis, comme si c'étoient des Dards, Flé-ches, bouts de Sceptres, fers de Lance, Javelots, Haches d'Armes ou Francises, dont les Tours & Châteaux étoient munis, sur l'allusion de ces instrumens de guerre, comme Tilli ou de Tilleio est dérivé à *Telo*, du Bellai *aut de Bellaio à Bello*.

Cét erreur est si ordinaire, de croire que toutes les Fleurs de Lis ont de la correspondance avec l'Ecu de France, que par imitation elle s'est attachée aux Hermines, dont est faite la doubleûre du manteau Roial semé de Fleurs de Lis; car tous ceux qui ont porté ce Blason, soit entier, soit en partie, ainsi que les Barons de Ferriéres, les Seigneurs de Derval, de Rostrenan, d'Acigné, de Chandio, de Stavelle, d'O, de Vivonne, du Pontbellenger, de Neufville, d'Anlesr, Gusman, & autres, se présument fabuleusement descendus de la maison de Bretagne, en quoi ils font préjudice à leur antiquité; car Pierre de Dreux, Jean I. Jean II. Artus II. & Jean III. Ducs de Bretagne, ont porté l'Echiquier, & la bordure de Dreux, qu'ils brisoient seulement d'un franc quartier d'Hermines, comme ont fait quelques puisnez des premiers Ducs de Bourgogne, Sci-

Le même Augußt. du Pas Hißt. de Bretagne. Pierre de S. Iulien, en ses Mélanges Hißtoriques. Gui le Borgne de Lameur, en son Armorial de Bretagne.

H vj

gneurs de Sombernon, portans le
furnom de Montagu, depuis 1270,
jufques en 1390. Auffi l'Ecu d'hermines plein n'a été en ufage en la
Maifon de Bretagne que fous Jean
I V. dit de Montfort, depuis l'an
1341. qu'il foûtint une fanglante
guerre contre Charles de Blois, qui
fe termina après la Bataille d'Au-
rai, par le Traité de Guerrande.

Les Maifons qui portent les
Fleurs de Lis, les ont prifes en trois
maniéres. Les unes les portent femées, comme és Armes de Beau-
mont, Fréauville, Saint Briffon,
Saint Gilles, Saint Valeri, Morte-
mer, Brucourt, Recuffon, du Fai,
Carrouges, Cheneviére, Alleman,
Chambes, Moreul ; d'autres les
ont en nombre certain, comme
aux Ecus de Montgommeri, Nino,
Venoix, Porçon, Queret, Vi-
gnacourt, la Marzeliére, Farneze,
la Rochefaton, Kenellec, Brillac,
Nanteuïl, Chamblai, Grifpo-
kerque, Bazentin, Arfcot; ou enfin
en nombre fingulier, comme Saint
Germain-d'Argences, Digbi, aux

*Armorial de
Jean Vo-
lant.
Hift. d'A-
miens d'A-
drien de la
Morliére.
Gonfalo Ar-
gote de Mo-
lina de No-
bleza del
Andalozia.
L'Armorial
de Zelande
M. S. bla-
fonne Gri-
ffokerque
de fable à
neuf Fleurs
de Lis d'ar-
gent.*

Epaules, Condé, Parfouru, Sain-
te-Marie, Clerci, Andelot, Re-
chignevoisin, le Bouteiller, &c.

Il y a un exemple particulier en *Hiſt. de la*
France touchant les Fleurs de Lis *Maiſon de*
dans la Maiſon de Bethune, dont *Bethune,*
les Lambrequins ou Pannaches *par André*
qui ombragent le Caſque, ſont de *du Cheſne.*
couleur d'azur ſemées de Fleurs
de Lis d'or ; & en Angleterre l'e-
xemple eſt commun de les porter
d'hermines.

En finiſſant ce Chapitre, j'ai crû *Recherche*
être obligé de déclarer, pour le re- *des Nobles*
ſpect que je dois au Roi, & à ſa *de l'an*
Souveraineté, qu'il y a certains *1668.*
Nobles, Verriers de profeſſion, en
quelque Province de ce Roïaume, leſquels, de leur propre mou-
vement, ſans conceſſion de ſa Majeſté, ni des Rois ſes prédeceſſeurs, ont eû l'audace de porter
les pleines Armes de la Monarchie,
tant en Ecu qu'en Cimier, qui eſt
une étrange félonnie, & une con-
travention ſans exemple, ajoûtans,
comme en triomphe, cette ſuperbe
Deviſe, *Audenti ſucceſſit opus.*

CHAPITRE XVI.

Réflexions sur tout ce Discours, qui se réduisent à quatre principaux points.

AVANT que d'entrer en matiére, nous dirons que le premier de ces points concerne le Blason de l'Ecu de France; le second, sous quel regne les Fleurs de Lis ont commencé; le troisiéme, en quel tems les Armoiries en géneral & les brisures ont été introduites; & le quatriéme, s'il est certain, ou non, que les Fleurs de Lis aient été réduites à trois.

Pour le premier, il est constant que nos Rois ont porté anciennement diverses Devises en leurs Etendars, comme des Chiffres, des Monogrames, & des Croix, de la maniére que l'Histoire de Beauvais nous represente: Que M. Petau avoit autrefois dans son Cabinet une piéce de Monnoie d'ar-

Histoire de Beauvais d'Antoine Loisel.

M. Boute-

gent de Charles le Simple, où étoit marquée une Croix un peu patée, & des Chiffres au Contre-scel. Ce n'est pas pourtant que de toute ancienneté nos Souverains n'aient pû porter dans leur Ecu l'arme appellée Francise, que plusieurs ont nommée Javelot, Hache, Dard & Pertuisane ; mais cette figure peut être plûtôt un Sceptre ou Bâton de commandement enrichi d'une Fleur de Lis ; & selon la pensée de Strabon, les Rois des Perses, des Medes, des Assyriens & des Babyloniens rehaussoient leurs Sceptres de la gloire de cette Fleur.

Ne peut-on pas croire que la Fleur de Lis est l'extrémité du Sceptre, puisqu'on y a marqué la traverse qui est entre le pied & la Fleur, qui sert à l'enchassement du fleuron dans le Sceptre ou Verge Roiale ?

Le Bâton qui soûtient la Fleur de Lis, n'est pas moins mysterieux qu'elle seule : car l'on sçait bien que Salomon parlant aux Rois, les invite & exhorte de se plaire dans

roüé en ses *Recherches des Monnoies*, dit que *Charibert*, *Chilperic*, & *Clotaire* Roïs de France, firent fabriquer des piéces de monnoie, sur lesquelles il y avoit une Hostie au dessus d'un Calice, M. *Thiers* en son *Traité du Saint Sacrement de l'Autel* dit la même chose. *Strab. lib. 16.*

Lib. Sapientia c. 6. v. 22.

leurs Trônes, & de chérir leurs Sceptres : *Delectamini Sedibus & Sceptris, ô Reges terra!* Ce qui s'entend de la Sagesse avec laquelle ils rendent la justice à leurs peuples, étant assis dans leurs Trônes, & de la maniére qu'ils les gouvernent, le Sceptre à la main, selon cette excellente expression de l'Ecriture : *Tolle virgam, & congrega populum, &c. Pasce populum tuum in virga tua, gregem hæreditatis tuæ.*

Mais de tout tems la Fleur de Lis qui paroît à l'extrémité du Sceptre, a été plus auguste & en plus grande veneration que le Bâton ou soubassement : aussi la tête est plus noble que les autres parties du corps.

Cette verité est remarquée par l'Apôtre, parlant de Jacob, qui adora l'extrémité du Sceptre, en benissant les enfans de Joseph : *Fide Jacob moriens singulos filiorum Joseph benedixit, & adoravit fastigium virgæ.*

La même chose se confirme en l'exemple d'Esther, qui baisa le

Numerorum c. 20.

Michée c. 7.

Hebr. c. 11.

Esther c. 5. 8. & 15.

haut du Sceptre d'Assuerus, qui
étoit la marque de sa clemence :
Extendit contra eam virgam auream
quam tenebat manu : quæ accedens
osculata summitatem virgæ , &c. At
ille Rex , more , Sceptrum aureum
prætendit manu , quo clementia mon-
stratur.

L'on pourroit encore dire que
les Fleurs de Lis seroient une espece d'architecture & d'ornement qui
est placé à l'extrémité du Sceptre,
de même que les Fleurs de Lis
qui servoient de chapiteau aux co-
lomnes du Temple de Dieu : *Et*
super capita columnarum opus in *Lib. 3. Reg.*
modum Lilii posuit , &c. *quasi Lilii* *c. 7.*
Flores , & lucernas desuper aureas.

Ceux qui rejettent l'antiquité *Robert. Ga-*
immémoriale des Fleurs de Lis, *guin. lib. 4.*
sont en peine de sçavoir en quel *c. 1. attribuë*
l'institution
rems ces symboles ont commen- *des Pairs de*
cé. La plusparr en raportent le *France à*
commencement au regne de Louïs *Charlema-*
le Jeune, l'an 1179. & disent que *gne.*
Iean du Til-
ce Prince aiant fait sacrer & cou- *let en ses*
ronner Philippe Auguste son fils, *Chroniques*
les Pairs y firent leur premiére *la rapporte*

au même ; néanmoins il avoüé qu'il peut y avoir de la contradiction, parce que les Fiefs n'eſtoient pas encore hereditaires. Theodore Hoëpingue paragr. 6 dit que cette origine s'attribuë diverſement, ſçavoir à Charlemagne, à Pepin & à Hugues Capet. Et Iacques Auguſte de Thou, hiſtoriarum ſui temporis tomo 6. pag. 31. ne réſout point ſi c'eſt ſous la 2. ou la 3. Race, mais s'arrête ſeulement

fonction; & que les ornemens qui ſervirent, étoient ſemez de Fleurs de Lis pour la premiére fois. Mais l'on peut croire que l'origine de ces Symboles eſt beaucoup plus ancienne, étant fort difficile d'en marquer préciſément le temps; & je préſume qu'en cette action ſi ſolennelle du couronnement de Philippe Auguſte, l'on ſe ſervit des Fleurs de Lis ſans pied deſtal & ſans bâton, pour leur donner plus de juſteſſe, de beauté, & de ſingularité.

Cette penſée, que ces Armes ſoient des Sceptres, n'eſt pas ſans fondement; car Louïs le Gros portoit l'Ecu d'azur à huit Sceptres boutonnez, qui ſe terminent par des Fleurs de Lis d'or, en forme de Labarum, ou de rais d'Eſcarboucle. Il en reſte pluſieurs Monumens en la celebre Abbaïe de Saint Victor à Paris, qu'il fonda, ſelon Suger, Gaguin, Claude Robert, & autres Hiſtoriens, l'an 1113. & c'eſt le Blaſon qu'elle porte juſqu'à preſent, qui ſe remarque en cette Eglise, en son Chapitre, *au nombre* Refectoire, Dortoir, & en tous *des douze* les lieux Claustraux & maisons qui *Pairs.* en dépendent. Ce qu'on appelle Labarum a été fait sur le modele de celui que fit porter Constantin comme en trophée, lorsqu'il livra combat au tyran Maxence: *In hoc Signo vinces.*

Cette Abbaïe conserve deux Sceaux du même Roi, que M. le Tonnelier, qui en est Sous-Prieur, m'a communiquez ; l'un est attaché à la Chartre de la fondation du Prieuré de Puiseaux faite par ce Monarque l'an 1112. & l'autre tient à la Chartre de la fondation de cette Abbaïe. Ces Sceaux ne contiennent aucunes armes ; la figure de ce Prince y paroît dans un Trône, tenant un Sceptre, au haut duquel est une espece de fleuron à trois pointes , & autour est écrit , *Ludovicus Dei gratia Francorum Rex.*

Mais il y a lieu de croire que *Orderici* Louïs le Jeune, fils du même Roi, *Vitalis Angligena Vti-* a été le premier qui a porté les *censis Mo-*

nachi Eccle-
siastica hist.
lib. 11. pag.
856.

Fleurs de Lis sans bâton, aiant pris en ses Armes les Fleurs qui ornoient l'extrémité des Sceptres que le Roi son pere & ses prédeceſſeurs portoient en leurs Ecus : car ce n'a pas été sans raison qu'il a été nommé *Ludovicus Florus*, par Ordericus Vitalis, contemporain de son regne.

On dispute encore pour ſçavoir en quel temps les Armoiries ont commencé ; & sur cela les Auteurs sont fort partagez : mais il ne faut pas juger des familles ordinaires comme de la maison Roiale. Il est presque certain que les particuliers ne commencérent à porter ordinairement ces Symboles, que du tems des Croisades, l'an 1096. ſi ce n'est que l'on défere au sentiment de Henri Spelman, qui remonte juſqu'en 1066.

André. Favin, Theatre d'Honneur.

Plusieurs tirent cette origine des Jouſtes & des Tournois, comme André Favin, lequel parlant de ceux d'Allemagne, dit que le premier Tournoi fut fait par l'Empereur Henri, ſurnommé Loiſeleur,

Duc de Saxe, le Dimanche d'aprés
les Rois, l'an 938. où se trouverent
les Cercles de Suaube, du Rhin &
de Baviére, & que les combattans
portoient des tresses blondes, des
barbes d'or, leurs sayes, cottes·
d'armes & hoquetons partis, cou-
pez, tranchez, taillez de diverses
couleurs.

> *Aurea Cesaries , atque aurea*   *Virg. lib.*
> *vestis*   *8. Æn.*
>
> *Virgatis lucent sagulis , tum la-*
> *Ctea colla*
>
> *Auro innectuntur.*

Mais il s'est glissé une erreur
tres-grossiére, de croire que le Catalogue qu'a publié du Moulin, &
dressé par les Herauts de plusieurs
Provinces, des Armes des Banne-
rets & Bacheliers, soit aussi ancien
que la premiére Croisade de l'an
1096. Car elle se raporte à la fin
du regne du Roi Charles V. & fait
ensuite mention de Charles fils
aîné de France, Dauphin de Viennois, de Louïs de France, Comte
de Valois , depuis Duc d'Orleans , de Louïs de France, Duc

Gabriel du
Moulin en
son Histoire
de Norman-
die.

d'Anjou, de Jean de France, Duc
de Berri, de Philippe de France,
Duc de Touraine, & enfin de Bourgogne, de Philippe de France, Duc
d'Orleans, de Pierre, Comte d'A-
lençon, de Jean d'Alençon, Comte
du Perche, de Louïs d'Evreux,
Comte d'Etampes, de Louïs, Duc
de Bourbon, de Jean de Bourbon, Comte de la Marche, de Jacques de Bourbon, Sire de Préaux,
de Jean d'Artois, Comte d'Eu, de
Charles d'Artois, Seigneur de
Saint-Valeri, de Robert de Sicile,
Prince de Tarente, de Charles de
Sicile, Duc de Duras, de Pierre,
Comte de Dreux, de Robert de
Dreux, Sire de Beu, de Gauvain
de Dreux, Seigneur de Beauffart,
de Jean Duc de Bretagne, de Gui
de Bretagne, Comte de Penticure,
& de Philippe Duc de Bourgogne de la premiére Branche, tous
Princes du Sang. Et tous les Che-
valiers qui sont emploïez en cette
Liste vivoient environ l'an 1380.
comme il se voit dans les Annales de France écrites à la main, qui

finiſſent cette même année, & di-
ſent qu'en 1369. au ſujet de la
plainte que firent en Parlement
le Comte d'Armagnac, le Sire
d'Albret, & autres Grands du Duché de Guienne, contre Edoüard
Prince de Galles leur Seigneur,
les Ducs d'Orleans & de Bourgogne, les Comtes d'Alençon, d'Eu,
& d'Etampes, tous portans les
Fleurs de Lis, y eûrent ſéance.
Enfin ce qui prouve encore cette
erreur, c'eſt que dans le tems
qu'on fixe ce Catalogue en 1096.
les Princes puiſnez de la Maiſon
Roiale ne portoient point dé
Fleurs de Lis.

Ce fut vers le regne de Saint
Louïs, qui commença l'an 1226.
que les briſures furent introduites,
pour diſtinguer les puiſnez des aî-
nez; parce qu'auparavant, l'aîné
ſeul continuoit les Armes de la Famille, & chaque puiſné en portoit
d'autres, qui avoient quelquefois
du raport à l'Ecu de l'aîné au regard des émaux, & non pour la
figure, n'étoit qu'il y eût change-

ment de metail, ou couleur, ou des partitions , ou enfin augmentation ou retranchement de piéces : c'est pourquoi avant l'usage des brisures , les fils puisnez de France n'en portoient pas les Armes, lesquelles étoient réservées au Roi seul, à leur exclusion. De cela il y a aussi un exemple en Angleterre ; car Richard Comte de Poitou receût de Henri III. Roi de cette Isle, son frere, un Ecu d'argent au Lion de gueules, couronné de-même, à un orle de tourteaux de sable.

Eduardus Bissæus in Codicibus M. S.

Et entre les premiers puisnez de France qui se sont servis de ces differences , & qui ont fait branche, est Robert de France, Comte d'Artois , & Charles de France, Comte d'Anjou, puis Roi de Sicile , freres de Saint Louïs, qui prirent des lambeaux de quatre piéces, à la difference de Philippe de France leur aîné, qui le portoit de trois piéces. De sorte que Claude Paradin , Gilles Corozet , & Marc-Gilbert de Varennes se sont mépris, de faire remonter les brisures

Le fils aîné brisé du vivant de son pere, pour difference.

fures non feulement jufqu'à Louïs
le Gros , mais jufqu'au temps de
Robert I. Comte d'Anjou, vivant
l'an 870. parce (difent-ils) qu'il
portoit une bordure de gueules fur
un Ecu d'azur femé de Fleurs de
Lis d'or.

C eft un abus qui a eû cours
en la maifon des Comtes de Vermandois, de fe perfuader qu'ils
ont porté un Chef des Armes de
France à cinq Fleurs de Lis; car
l'addition que l'on a prétendu attribuer à cette Roiale Branche, qui
porte un Echiquier d'or & d'azur,
n'a autre fondement que l'Ecu de
la ville de Saint Quentin, Capitale
du Païs de Vermandois, qui contient l'Echiquier avec le Chef de
France, marques qu'elle a receûës
par conceffion de nos Rois , de
même que les villes de Paris,
Rouën , Bourges , Tours, Lion,
Pontcaudemer , Vernon, & plufieurs autres, qui portent des Chefs
chargez de Fleurs de Lis, qui leur
ont été donnez pour marque de
leur fidélité envers la Couronne,

Augufta Veromandorum Claudii Hemerei.

LesVilles de Paris & de Bourges portent leur chef femé de Fleurs de Lis, les autr.s les ont en nombre certain.

I

Hiſtoire de Iean Chartier en la vie de Charles VII,

ainſi qu'écrit Chartier ſur l'année 1440. au ſujet de la ville de Saint Maixant, qui eſt de ce nombre.

On pourroit objecter l'exemple des Armes de Robert de Dreux, Baron d'Eneval, Capitaine de la ville de Roüen en 1449. qui ſe voient peintes & écartelées au premier de France, au ſecond & troiſiéme de Dreux, & au quatriéme de Bretagne, ornées d'un Caſque, ſur la petite porte de l'Egliſe Saint Jean ſur Renelle à Roüen. Mais il faut remarquer, pour lever cette difficulté, que l'Ecu de France en cette repreſentation, non plus que celui de Bretagne, ne paſſent que pour des quartiers d'honneur, ainſi qu'il ſe voit dans les Maiſons de Stuard, Albret, Milan & Eſt; & non pour être propres à celui qui les portoit, & ſans les réferer au Roi Louïs le Gros ſon prédeceſſeur, ni aux Ducs de Bretagne ſes collateraux, deſquels il ne tiroit pas ſon origine: car les puiſnez de Dreux ſe contentoient de briſer d'une bordure engrêlée, ou d'une cottice de gueules, autrement ils brifoient le premier quadratin d'azur de l'Ecu de Dreux, d'une Fleur de Lis d'or, comme il fe peut voir en la Chappelle d'Eneval qui eft aux Jacobins de Rouën.

Pour ce qui regarde les Fleurs de Lis, qui ont orné, & qui orneront à jamais l'Ecu de France, nous ne voions aucune Ordonnance de nos Rois qui en ait réglé le nombre : Nous avons même aporté plufieurs exemples, qui font voir que dans le même tems les uns le portoient d'une façon, & les autres d'une autre, c'eft-à-dire, tantôt fans nombre, & tantôt en nombre certain ; & il y a bien de l'apparence que la fantaifie des Graveurs, des Sculpteurs & des Peintres, y a eû fouvent plus de part, que l'autorité des Princes dont ils reprefentoient les Ecus.

L'on pourroit pourtant déclarer *M. du Tillet.* au fujet de ces differences qui concernent l'Ecu de France, qu'il étoit *André Favin.* plus beau, plus magnifique, plus

I ij

fomptueux & plus vénerable, lorf-
qu'il étoit femé de Fleurs de Lis,
qu'étant réduit à trois.

Manibus date Lilia plenis.

Cela fe vérifie par le Pavillon,
la Banniére de France, le Dais,
les Tapifferies, le Panon, le Manteau Roial, la Cotte d'Armes, la
Tunique, la Dalmatique, les San-
dales, les Chauffes, les Botines,
la Chaire, le Drap de pied, le
Carreau, l'Epée de parement, le
petit Coffre, où font les grands
Sceaux du Roiaume, & autres ornemens qui font tous femez de
Fleurs de Lis en broderie, comme
il eft raporté és années 1226. 1377.
1449.& 1564. dansles Cerémo-
nies obfervées aux Entrées & aux
Sacres des Rois.

M. du Tillet eft auffi d'opinion
de préferer le nombre infini à la
réduction; de forte qu'étant beaucoup plus noble, on le pourroit ré-
tablir: car il n'y a point d'Ordonnance au contraire felon cét Auteur, le fieur Favin, & autres curieux.

Virgil. Egl. 2.
Hiftoire de Guillaume de Nangis.
Enguer- rand de Monftrelet 3. Vol. de fes Chroni- ques.
Hift. d'A- lain Char- tier.
Mathieu d'Efcouchi de Hainaut.
Relation manufcrite.
Ceremonial de France, publié par M. Gode- froy.
Inventaire des meubles du Roy Char- les VI. qui contient 12. Banniéres, un Pavillon.

Ainsi il y a grande raison d'approuver plûtôt les Fleurs de Lis femées fans nombre, que celles qui font réduites à trois, puis qu'elles repréfentent cette infinité de graces que le Ciel répand fans ceffe fur la France.

J'admire pourtant la fageffe de ceux qui les ont réduites à trois ; car ç'a été peut-être pour faire connoître qu'entre tous les peuples qui fonderent des Roiaumes du débris de l'Empire Romain, il n'y eût que les François qui embraf-ferent la Foi orthodoxe de la Confubftantialité, & qui adorerent un Dieu en trois perfonnes égales. On fçait que les Vandales & les Gots, qui occuperent l'Ef-pagne & l'Afrique, étoient Ar-riens, auffi-bien que les Bourgui-gnons & les Lombars; & que c'eft pour cela principalement, que Saint Gregoire Pape promet au Roi Childebert, l'un des fils du grand Clovis, par la Lettre qu'il lui écrit, la continuation des be-nedictions du Ciel, & qu'il dit

66. *Tapis, une Dalmatique, une Tunique, une Toüaille ou parement d'Autel. 126. piéces de drap d'or, & plufieurs autres meubles précieux, armoriez de France, & femez de Fleurs de Lis d'or. Francia Liliata D. Perronii, feu de Liliatis Regni, Regúmque Francorum Infignibus, Corona, Sceptro, cætero-que Regio cultu tra-ctatus.*

I iij

que les Rois de France font autant
élevez par deſſus les autres Rois,
que les autres Rois font élevez au deſſus de leurs Peuples.

Gregorius
Magnus
Pontifex
Maximus
lib. 5. Epiſt. *Quantò cæteros homines Regia di-*
gnitas antecedit, tantò cæterarum
gentium Regna, Regni tui culmen
excellit.

Federic
d'Arragon
Roi de Na-
ples, en la
Lettre qu'il
écrit à Cô-
me de Me-
dicis, ſur
l'honneur
qu'il y a de
prendre al-
liance en la
Maiſon de
France.
Mathieu Pâris Hiſtorien Anglois, & Federic d'Arragon Roi
de Naples, bien perſuadez de cette
verité, demeurent d'accord que le
Roi tres-Chrétien eſt le plus ſu-
blime & le plus excellent de tous
les Rois & Princes, en Nobleſſe
& en richeſſe.

Que les Fleurs de Lis des Armes de France aïent été réduites
à trois par myſtere, ou par hazard, il eſt bien difficile de pouvoir certainement dire, lequel de
nos Rois a fait cette réduction;
car il ſe voit une grande contrariété dans les ſentimens des Auteurs qui en ont parlé. Toutefois,
ſans décider cette queſtion, il y
auroit lieu de s'arrêter au Roi
Charles V. ſi nous voulons faire

réflexion fur les termes de la
Chartre donnée à Paris au mois
de Février 1376. qui contient la
Fondation faite par ce Prince du
Convent de la Trinité de l'Ordre
de Saint Pierre Celeſtin, vulgai-
rement appellé la Carriére de Saint
Aubin de Limai prés de Mante,
dans le Dioceſe de Roüen, dont
voici les termes : *Les Lis, qui ſont
le ſymbole & le caraꞔtere du Roïaume de France, qui ſont au nombre
non de deux, mais de trois, imi-
tent le modelle de la Trinité incréée,
le Pere, le Fils, & le Saint Eſprit,
qui tous trois enſemble ne ſont
qu'un Dieu.* Ces Fleurs de Lis
d'or en champ d'azur couleur celeſte brillent par toute la terre,
de même que le Soleil qui réſide
dans le Ciel éclaire tout le monde. Et comme il y a du raport
entre le ſigne & la choſe ſigni-
fiée, il eſt certain que ces Lis
nous repreſentent parfaitement
trois grands attributs de Dieu, ſa
Puiſſance, ſa Sageſſe & ſa Bonté;
c'eſt à dire, que le Roïaume de

*Chartre de
la Fonda-
tion du
Convent de
la Trinité
desCeleſtins
de Mante,
faite en la
Chappelle de
Sainte
Chriſtine
Martyre,
par le Roi
Charles V.
le 13. de ſon
Regne, l'an
1376. ſignée
Charles, &
plus bas le
Tourneur,
communi-
quée par le
P. Pierre le
Marchand.*

*Au Memo-
rial de la
Chambre
des Comptes
folio 201..
verſo, eſt
fait men-
tion comme
le Roi Char-
les V. inſti-*

tem un College & Convent de Celestins à Mante, pour la dotation duquel il leur donna 300. livres Parisis de rente, & par augmentation six-vingts livres de rente, par Lettres données à Beauté sur Marne, le 13. jour de Iuillet, l'an 1379. Ceci communiqué par M. de Vion d'Herouval, & par M. Caille du Fourni.

France a toûjours excellé au-dessus de tous les autres Etats par la force des Armes, la science des Lettres, & la clemence de ses Princes, & ainsi a conservé en son entier les vestiges de la Trinité, &c. *Lilia quidem signum Regni Franciæ, in quo florent flores quasi Lilium, imò flores Lilii, non tantùm duo, sed tres, ut in se typum gererent Trinitatis : ita tres flores unum signum mysterialiter præfigurant ; & sicut Sol Divinitatis Cælo residens Empireo illuminat omnem mundum, sic tres flores aurei supra cælestem sive azureum situati colorem in omnem terram evirescunt pulchriùs, & lumine præfulgent clariore.*

Et ut signo signatum propriè respondeat, tribus videlicet, Potentiæ, Sapientiæ, & Benignitati, quæ Sanctæ Trinitati attribuuntur personis, armorum potentia, scientia Litterarum, ut Principum Clementia, ternario Liliorum elegantissimè correspondent. In quibus tribus Regnum Franciæ à longis retrò tempo-

ribus præ Regnis cæteris floruisse, &
hactenus claruisse dignoscitur , ac
per hoc in se tenuisse vestigia Tri-
nitatis , &c.

Enfin, aprés avoir raporté hi-
storiquement ce que disent les Auteurs sur tous ces points , je trouve une diversité si grande , qu'il
est impossible de former aucun ju-
gement sur ce qu'ils ont pensé. Il
faut pourtant faire grande difference entre leurs passages , parce
que les uns ont écrit avec choix,
& appuïé leurs sentimens avec des
témoignages assez considerables,
& les autres ont écrit tout ce
qu'ils ont trouvé, sans l'examiner,
ou peut-être l'ont inventé eux-mê-
mes lors qu'ils n'ont rien trouvé
ailleurs : Toutefois, n'aïant pas de
raisons évidentes pour condamner
ni les uns ni les autres , j'estime
qu'il vaut mieux laisser aux plus
habilles la liberté de nous apren-
dre ce que l'on en doit croire.

Mais bien que j'aie exposé au
public toutes ces opinions par maniére de dissertation, pour la satis-

faction des curieux , & que par bienséance j'aie esté obligé d'interposer la mienne, possible la plus foible ; néanmoins je soûmets le tout aux ordres de sa Majesté, à laquelle seule il appartient de résoudre & de décider d'une si importante & si illustre question.

Il est vrai que la qualité du sujet meritoit un grand ornement; mais l'abondance des raisons & des exemples dont il a falu me servir , ne souffre pas que l'on s'attache tant à la délicatesse & à l'élegance des paroles ; & ce Discours n'est qu'un des Chapitres de mon Traité d'Armoiries , & des especes de Noblesse, que j'ai trouvé à propos de subdiviser, & de publier par avance.

FIN

Page 147. ligne 8. aprés ce mot Sop , ajoûtez , qui.

EXTRAIT DV PRIVILEGE
du Roy.

PAR Lettres Patentes du Roy, scellées du grand Sceau de cire jaune, données à Versailles le 21. jour de Mars l'an 1672. signées par Sa Majesté en son Conseil D'ALENCE'; il est permis au sieur de la Roque de faire imprimer, vendre & débiter vn *Traité singulier du Blason, contenant les regles des Armoiries,* durant le temps de dix années, à compter du jour qu'il sera achevé d'imprimer pour la premiére fois ; & défenses sont faites à tous Imprimeurs, Libraires, & autres personnes, de quelque qualité & condition qu'elles soient , de le faire imprimer, vendre & débiter , sous prétexte de changement , augmentation, correction, ou autrement, sans sa permission & son consentement , ou de ceux qui auront droit de lui, à peine de trois mille livres d'amende, & autres peines y contenuës.

Regiſtré sur le Livre de la Communauté des Libraires & Imprimeurs de Paris, l'onziéme Avril 1672. suivant l'Arreſt du Parlement du 8. Avril 1653. & ee-

lui du Confeil Privé du Roi du 27. *Février* 1665. *Signé.* THIERRY, *Sindic.*

· Et ledit fieur de la Roque a cedé &
tranfporté fondit Privilege au fieur Ma-
bre-Cramoify, Imprimeur du Roi, &
Directeur de l'Imprimerie Roiale, feulement pour le prefent *Traité des Armes
de France & de leur Blafon*, qui eft un
des Chapitres de fon Traité fingulier du
Blafon, qu'il a fubdivifé, & qu'il donne
par avance au public, & ce fuivant les
conventions qu'ils ont faites entr'eux.

Achevé d'imprimer le 27. *Avril* 1673.

www.ingramcontent.com/pod-product-compliance
Lightning Source LLC
Chambersburg PA
CBHW062224270326
41930CB00009B/1861